ELISABETH SCHMID

ZWIEBEL BLUMEN

ELISABETH SCHMID

ZWIEBEL BLUMEN

GANZJÄHRIG BEETE GESTALTEN

KOSMOS

ZWIEBEL-BLUMEN

↘ SO GEHT'S

SCHRITT FÜR SCHRITT: HIER FINDEN SIE ALLES, WAS ZUM ARBEITEN MIT BLUMENZWIEBELN UND ZUM GESTALTEN DER BEETE WICHTIG IST.

Stein- oder Wassergarten, Schattenecke, Gehölzrand, Wechselbepflanzung oder Pflanzkübel auf Balkon und Terrasse. Unter Berücksichtigung der Lebensfaktoren und Standortbedingungen kann man Zwiebelblumen überall in Szene setzen.

Gestalterisch ist vieles möglich. Um Ihnen die ganze Pflanzenvielfalt zu zeigen, finden Sie auf den folgenden Seiten detaillierte Pflanzpläne nach Jahreszeiten und Farben geordnet. Sie helfen Ihnen beim Verwirklichen Ihres Gartentraumes.

ZWIEBELN- & KNOLLEN

vielseitig, bunt, pflegeleicht

Viele Zwiebel- und Knollengewächse sind optimale Pflanzen für den pflegeleichten Garten. Manch andere hingegen benötigen die pflegende Hand passionierter Gartenliebhaber. Kurz gesagt – es ist für jeden etwas dabei!

FÜR PFLEGELEICHTE GÄRTEN

Es gibt Vertreter, die – einmal gepflanzt –, eine Eigendynamik entwickeln und sich ausbreiten. Sie suchen sich im Garten die Plätze aus, an denen sie wachsen wollen. Der Gärtner lebt dann damit, dass sie auch an den Stellen auftauchen, wo er sie zunächst nicht unbedingt haben wollte. Das zu bestimmten Zeiten gelb werdende, einziehende Laub zwischen den anderen Pflanzen stört dank darüber wachsender Stauden ebenfalls nicht weiter.

FÜR GARTENLIEBHABER

Er trägt die nicht winterharten Pflanzen rein ins Haus und wieder raus und gräbt auch die Blumenzwiebeln ein und aus. Er versucht sich an Züchtungen oder Auslesen unter den natürlichen Kreuzungen, denn viele variieren von Natur aus, wie z. B. Schneeglöckchen mit unterschiedlichen Zeichnungen, Anemonen mit vielen Farbschattierungen oder Tulpen mit Farbveränderungen. Die vielen Möglichkeiten lassen jedes Gärtnerherz höher schlagen.

FÜR GARTENLOSE MENSCHEN

Auch sie können ihre Freude an Zwiebelgewächsen haben, wie z. B. mit Amaryllis, Ranunkeln oder orangefarbenen Milchsternen im Zimmer, Glücksklee zu Neujahr, Frühlingsboten in Töpfen, Zwergformen der Dahlien im Balkonkasten, Gewürzkräutern, wie Bärlauch, Schnittlauch und Schnittknoblauch im Topf und nicht zu vergessen mit den vielen Schnittblumen, wie Anemonen, Freesien, Tulpen, Narzissen, Dahlien, Gladiolen und Lilien.

FÜR ALLE MENSCHEN

Mit ihrer Vielfalt, mit ihren Farben und vielseitigen Verwendungsmöglichkeiten bieten die Zwiebel- und Knollengewächse ein weites Spektrum, das einfach Spaß macht und Freude bereitet. Wer sie einmal entdeckt hat, den lassen sie nicht mehr los, denn es gibt immer noch etwas Neues zu entdecken, sei es als Züchtung oder auch Vorkommen in der Natur.

Mich haben sie seit über 30 Jahren im Griff und ich freue mich jedes Jahr aufs Neue, wenn sie wieder Farbe zeigen und den Garten bunt werden lassen. Die Freude an und das Wissen über diese Pflanzen möchte ich hier in einer Auswahl mit Ihnen teilen.

Elisabeth Schmid

ZWIEBELN & KNOLLEN

Allerlei Wissenswertes

Wer erwartet nicht mit Sehnsucht am Ende des Winters die ersten Triebspitzen oder erfreut sich im Herbst noch an jeder einzelnen Blüte, die er finden kann? Zwiebeln und Knollen mit ihrer Vielfalt an Formen, Farben und Sorten sind da unsere besten Partner.

DER BEGRIFF GEOPHYTEN

Was sich dahinter verbirgt

Stauden, die sich durch unterirdische Speicherorgane an ungünstige Standorte angepasst haben und nur kurz im Jahr oberirdisch zu sehen sind, werden wissenschaftlich unter dem Begriff Geophyten zusammengefasst.

GEOGRAPHISCHE VORKOMMEN

Nimmt man einen breiten Korridor um den 40. Breitengrad auf der Nordhalbkugel, so findet man dort die meisten Heimatgebiete der Geophyten. In weiten Gebieten herrscht ein kontinentales Klima mit teilweise langen Wintern und trockenen, heißen Sommern. Daraus ergibt sich eine kurze Vegetationszeit im Frühjahr oder Herbst. Genau an diese Bedingungen haben sich die Geophyten angepasst, indem sie unterirdische Speicherorgane ausgebildet haben, um vor allem die sommerliche Trockenheit zu überbrücken. Dies ist ein ganz wichtiges Kriterium für den Umgang mit den meisten Zwiebelblumen, denn der entscheidende Faktor ist die sommerliche Ruhezeit, die gewährleistet sein muss. Aber auch die kalten Temperaturen im Winter spielen eine Rolle, denn erst die Wärme nach der kalten Phase bringt die Pflanzen dazu, sich wieder aus der Erde herauszuwagen.

Auf der Südhalbkugel sind die Pflanzen vor allem in den Steppengebieten Südafrikas und Südamerikas beheimatet. Bei uns sind sie leider nicht alle winterhart und werden deshalb häufig über Sommer in den Beeten aufgepflanzt und im Herbst wieder ausgegraben. So schließt sich der Kreislauf für eine ganzjährige Bepflanzung in unseren heimischen Beeten.

NATÜRLICHE LEBENSRÄUME

Viele der Pflanzen stammen aus den Steppengebieten mit ihren Graslandschaften.

Andere sind in den steinigen, felsigen Bereichen der zahlreichen Gebirgszüge beheimatet, wo immer ein guter Wasserabzug gewährleistet ist. Die letzte Gruppe ist im lichten Kiefernwald oder in Laubwäldern und Strauchgesellschaften zu Hause.

GEOPHYTEN ALS GENUSS-, HEIL- UND GIFTPFLANZEN

Manche Geophyten sind schon seit Jahrtausenden in Kultur. Dazu gehört z. B. der Safran-Krokus, der so in der freien Natur überhaupt nicht vorkommt, aber seit über 2000 Jahren als Färber- und Gewürzpflanze kultiviert wird. Bei den Indianern standen die Zwiebeln der Präriekerzen auf dem Speiseplan und natürlich die Kartoffel. Schaut man in unsere Küchen, dann sind Speisezwiebel, Schnittlauch, Knoblauch, Schnittknoblauch und Bärlauch gar nicht wegzudenken. Den Azteken schmeckten die Knollen der Dahlien, die heute als sogenannte DeliDahlien wieder Einzug in die Küchen halten.
Die Vertreter der Amaryllis-Gewächse enthalten Alkaloide, die schon lange in der Medizin eingesetzt werden. Diese Inhaltsstoffe verhindern zum Teil die Eiweißbildung und können somit Viren bekämpfen. So werden z. B. heute Kaukasus-Schneeglöckchen *(Galanthus alpinus)* angebaut, die einen Inhaltstoff enthalten, der bei der Behandlung von Alzheimer zum Einsatz kommt.
Andere Geophyten, wie z. B. Maiglöckchen, deren Blätter öfter mit denen des schmackhaften Bärlauchs verwechselt werden, oder Aronstab und Herbstzeitlose sind giftig und sollten nicht verzehrt werden.

GEOPHYTEN IN KULTUR UND MODE

Die Madonnenlilie *(Lilium candidum)* gehört zu den sehr alten Kulturpflanzen, die Karl der Große in seiner Reichsverordnung für die Pfalzgüter vorgeschrieben hat. Bei den antiken Völkern war sie eine Totenblume, im Christentum wurde sie zu einem Symbol für Reinheit. Die Kaiserkronen *(Fritillaria imperialis)* spielen schon lange eine Rolle in der Kultur, wo sie von den Fürstenhöfen zu den Bauerngärten übergegangen sind. Galten im 17. Jahrhundert die Tulpen noch als Statussymbol für die Reichen (siehe auch die Geschichte der Tulpe S. 16–17), so wurden sie bald darauf von den Hyazinthen abgelöst – der Modepflanze im 18. Jahrhundert. Dann kam der „Hyazinthencrash" und sie verloren wieder an Bedeutung. Ende des 19. Jahrhunderts kamen die Dahlien und heute pilgern Liebhaber zu den unterschiedlichsten Schneeglöckchen-Events.

SO GEHT'S

[a] **TULPEN** Zwiebeln mit einzelnen Schalen auf dem Blütenboden und einer Hülle aus vertrockneten Schalen als Schutz vor Austrocknung und Beschädigung. Die Wurzeln sind als Punkte am Zwiebelboden sichtbar. Diese Zwiebeln werden jedes Jahr neu gebildet. Von der alten Zwiebel bleiben nur der abgestorbene Blütenstängel, die vertrockneten Schalen, Wurzeln und der Zwiebelboden übrig (siehe auch Pflege nach dem Ausgraben S. 36–37).

[b] **LILIEN** Zwiebeln aus dachziegelartig angeordneten Schuppen. Ohne Schutzhülle sind die Zwiebeln beim Transport und bei der Lagerung empfindlich, da die Schuppen leicht brechen und abfallen oder auch beschädigt werden und dann Schimmelpilze eindringen können. Damit fehlen der Pflanze notwendige Reservestoffe zum Wachsen, d. h., die Pflanzen und Blüten bleiben kleiner.

[c] **TRAUBENHYAZINTHEN** Zwiebeln aus Schalen ohne eine Schutzhülle. Daher werden die Pflanzen beim Transport schnell beschädigt. Häufig treten dann an diesen Schadstellen Schimmelpilze auf. In den Tüten greifen sie schnell auf die anderen Zwiebeln über. Es besteht auch die Gefahr, dass die Zwiebeln bei längerer Lagerung austrocknen und nicht mehr anwachsen.

GEOPHYTEN ALS ZWIEBELN

Schalen oder Schuppen

Bei dem Wort „Zwiebel" denkt man automatisch an die Küchenzwiebel – sicher die bekannteste Repräsentantin mit Speicherorganen. Erst auf den zweiten Blick verbindet man das Wort mit Tulpen oder Narzissen.

AUS SICHT DER BOTANIK

Zwiebeln sind gestauchte, flache, scheibenförmig ausgebildete Sprossachsen mit einer Knospe in der Mitte, die später als Spross oberirdisch sichtbar wird. Diese Knospe ist von Niederblättern umgeben, die als Schalen oder Schuppen zu verdickten Speicherorganen umgebildet sind. Am Rande der Scheibe, auch Zwiebelboden oder Zwiebelkuchen genannt, bilden sich unverzweigte Wurzeln, mit denen sich die Pflanze im Boden verankert und sich auch in tiefere Bodenschichten ziehen kann, wie z. B. bei *Muscari*.

Bei Zwiebeln mit Schuppenblättern sind die Niederblätter verdickt und dachziegelartig auf dem Zwiebelboden angeordnet, dazu gehören die Lilien. Diese einzelnen Schuppen brechen leicht ab, deshalb sollten diese Zwiebeln immer vorsichtig behandelt werden.

Bei den Schalenzwiebeln ist der geschlossene Blattgrund verdickt und als Speicherorgan oder teilweise auch vertrocknet als Schutzhülle umgebildet.

Teilweise bilden Pflanzen auch in den oberirdischen Sprossen in den Blattachsen kleine Zwiebeln aus, die Bulbillen genannt werden. Sie werden aufgepflanzt in ein paar Jahren zu einer blühfähigen Zwiebel heranwachsen.

Tochterzwiebeln werden auch zwischen den Schalen auf dem Zwiebelboden gebildet. Dies führt zu horstigen Tuffs, z. B. bei Tulpen.

DAS WACHSTUM

Nach der Ruhephase im Sommer beginnt der Spross bereits in der Zwiebel zu wachsen. Über die kalten Wintermonate legt die Pflanze nochmals eine ruhigere Phase ein. Sobald die Temperaturen ansteigen, treibt der Spross aus dem Boden, blüht, setzt Samen an und zieht sich dann wieder in die Erde zurück.

WER BILDET ZWIEBELN AUS?

Zwiebeln findet man vor allem in folgenden Pflanzenfamilien:

Lauchgewächse *(Alliaceae)* – Zierlauch, Schmucklilie

Liliengewächse *(Liliaceae)* – Lilie, Kaiserkrone, Hundszahn, Tulpe

Amaryllisgewächse *(Amaryllidacae)* – Amaryllis, Schneeglöckchen, Narzisse, Märzbecher

Hyazinthengewächse *(Hyacinthaceae)* – Hyazinthe, Blaustern, Milchstern, Hasenglöckchen, Traubenhyazinthe

Herbstzeitlosengewächse *(Colchicaceae)* – Herbstzeitlose, Ruhmeskrone

Die Einteilung in diese Familien erfolgte erst in den letzten Jahren aufgrund neuerer Erkenntnisse in Sachen Blütenaufbau, Wuchs und Inhaltsstoffe. Davor waren sie nur in Lilien- und Amaryllis-Gewächse aufgeteilt. Es bilden nicht alle Vertreter dieser Familien Zwiebeln aus. Manche überdauern auch als Rhizome oder Knollen.

AUF DIE GRÖSSE ACHTEN **Zwiebeln brauchen eine bestimmte Größe, um Blüten ausbilden zu können. Deshalb beim Kauf und beim Wiedereinpflanzen von Blumenzwiebeln immer darauf achten. Gartentulpen sollten mindestens 10–11 cm Umfang haben, da sie sonst nur Blätter ausbilden. Bei Narzissen sollten die Zwiebeln rund sein. Grundsätzlich gilt: Je größer die Zwiebel, desto sicherer sind eine oder auch mehrere und größere Blüten!**

KNOLLEN & RHIZOME

Geballte Stärke

Speicherorgane können auch als Knollen oder Rhizome mit ganz unterschiedlichen Ausprägungen ausgebildet werden. Mal als umgebildeter Spross oder aus verdickten Wurzeln, aber immer mit viel Stärke.

AUS SICHT DER BOTANIK

Sprossknollen sind verdickte, als Speicherorgan ausgebildete Abschnitte des Sprosses. Sie bilden sich in der Niederblattregion, die sich verdickt. Die Blätter sind trocken und schalenartig angeordnet. Beispiel dafür sind: Krokus und Gladiole. Deshalb werden sie auch als Knollenzwiebel oder Zwiebelknollen bezeichnet. Die Speicherorgane können sich auch am Ende von Ausläufern bilden, z. B. bei der Kartoffel. Sie sind immer blattlos und enthalten teilweise in den Narben der Blattachseln entwicklungsfähige Knospen (Augen).
Wurzelknollen bilden sich aus sprossbürtigen Wurzeln, die durch die Einlagerung von Speicherstoffen dick werden, wie z. B. bei Steppenkerzen.
Rhizome sind verdickte Sprossachsen mit schuppenartigen Niederblättern und einer deutlichen Gliederung. Sie wachsen unterirdisch und waagrecht im Boden und bleiben kompakt, da die Streckung der Internodien unterbleibt. Sie wachsen an der Spitze weiter und sterben von hinten her ab. Vielfach sind sie zu Speicherorganen verdickt und dienen der Vermehrung. Beispiele dafür sind Maiglöckchen und Buschwindröschen.

DAS WACHSTUM

Die Knollen bestehen vorwiegend aus Stärke, die der Pflanze zum neuen Austrieb zur Verfügung steht und dafür auch verbraucht wird. Innerhalb der Vegetationszeit wird dann wieder ein neuer Vorrat für die kommende Saison angelegt. Damit dies geschehen kann, sollte die Pflanze unter guten Bedingungen wachsen können, um möglichst viele Stoffe einzulagern.

WER BILDET KNOLLEN UND RHIZOME AUS?

Das geschieht in vielen Pflanzenfamilien mit krautigen, ausdauernden Pflanzen. Allerdings werden nicht alle den Geophyten zugeordnet, sondern nur die, die nach der Vegetationsperiode die Trockenheit, Sommerhitze und den Wassermangel unterirdisch in einer Ruhephase überbrücken.

Die wichtigsten Vertreter sind aus folgenden Familien:
Aronstabgewächse *(Araceae)*: Aronstab, Zimmerkalla
Affodillgewächse *(Asphodelaceae)*: Steppenkerze
Schiefblattgewächse *(Begoniaceae)*: Knollenbegonie
Erdrauchgewächse *(Fumariaceae)*: Lerchensporn
Schwertliliengewächse *(Iridaceae)*: Montbretie, Krokus, Freesie, Iris, Gladiole, Tigerblume
Hahnenfußgewächse *(Ranunculaceae)*: Anemone, Winterling
Primelgewächse *(Primulaceae)*: Alpenveilchen
Nachtschattengewächse *(Solanaceae)*: Kartoffel
Mohngewächse *(Papaveraceae)*: Blutwurz
Zeitlosengewächse *(Colchicaceae)*: Frühlingslichtblume
Maiglöckchengewächse *(Convallariaceae)*: Maiglöckchen
Korbblütler *(Asteraceae)*: Dahlie
Blumenrohrgewächse *(Cannaceae)*: Blumenrohr
Dreiblattgewächse *(Trilliaceae)*: Dreiblatt

Innerhalb dieser Familien sind es oft nur wenige Vertreter, die diese Speicherorgane ausbilden. Andere bilden Rhizome oder Ausläufer oder auch Rüben aus, die das ganze Jahr über vorhanden sind. Oftmals lässt sich hier nur schwer eine Grenze ziehen. So werden z. B. Tränendes Herz, Schwertlilien oder Prachtscharte im Frühjahr sowohl trocken abgepackt als auch im Topf als Staude angeboten.

[a]

[b]

SO GEHT'S

[a] STEPPENKERZE Knolle mit ausgeprägter Knospe und verdickten Wurzeln. Die alten Blätter sind als Halskrause um die Knospe herum angeordnet. Die Wurzeln haben keine schützende Hülle. Die dünnen Wurzelenden sind im Allgemeinen vertrocknet. Für die Wasseraufnahme während der Vegetation werden neue Faserwurzeln gebildet.

[b] KROKUS Knolle mit zwiebelartiger Schale, die aus den vertrockneten Niederblättern gebildet wird. Sie ist faserartig oder auch netzartig ausgebildet und schützt den inneren Stärkekörper vor Austrocknung und Beschädigung. Diese Knollen werden jedes Jahr neu gebildet und können dabei immer größer werden.

[c] ARONSTAB Längliches Rhizom mit der Knospe am einen Ende, dazwischen ziemlich gestaucht die Abschnitte zwischen den Internodien. Die neuen Wurzeln werden im Sprossabschnitt gebildet. Mit der Zeit stirbt der alte Teil des Rhizoms ab. Die Vermehrung erfolgt über Seitentriebe, die abgetrennt werden können.

[c]

DIE GESCHICHTE DER TULPE

Faszinierend und abwechslungsreich

Seit langer Zeit in Kultur wurden sie plötzlich zum ersten Spekulationsgeschäft mit Wirtschaftscrash. Danach gerieten sie fast in Vergessenheit und gehören heute wieder zu den beliebtesten Frühjahrsblühern.

SCHON FRÜH BELIEBT

Tulpen wurden im Orient schon lange kultiviert. Bereits im 12. Jh. schrieb der persische Dichter Omar Chayyām ein Gedicht über sie. Im 13. Jh. gab es dann in der Türkei die erste Tulpenmanie. 1561 veröffentlicht der Schweizer Conrad Gesner die erste Beschreibung einer Tulpe in Europa. Über den 20. Sultan des Osmanischen Reiches Süleyman II. (1687–1691), der in der Türkei viele Tulpen in seinen Gärten kultivierte, kamen sie dann durch den Gelehrten Charles de l'Écluse (lat. Carolus Clusius) nach Holland, der sie in seinem botanischen Garten in Leiden in der niederländischen Provinz Südholland aufpflanzte und in kurzen Worten in seinen Veröffentlichungen treffend beschrieb. Die Tulpen haben sich dort gut gehalten und vermehrt, da ihnen der sandige Lehmboden zusagte und sie erreichten schnell große Beliebtheit. Ab 1620 wurden sie in der Gegend von Haarlem, der Hauptstadt der Provinz Nordholland, professionell angebaut – der Beginn des „Bollenstreeks", dem Hauptanbaugebiet der Zwiebelgewächse in Holland.

DIE TULPENMANIE

Den ersten schwindelerregenden Höhepunkt erreichte die Beliebtheit in den Jahren 1634–1637, als vor allem geflammt blühende Sorten horrende Preise erzielten. Die Tulpen wurden bereits verkauft, wenn sie noch auf dem Feld standen und mancher Käufer gab sogar sein Haus und seine Existenz auf für eine Zwiebel. Eine der bekanntesten Sorten aus der Zeit der Tulpenmanie war die 'Semper Augustus' – von ihr wurde eine Zwiebel zum heutigen Preis von ca. 67 000 € gehandelt. Heute würde man für den Preis ungefähr 300 000 Tulpen erhalten. Die begehrten aufgebrochenen Blütenfarben entstanden durch eine Viruserkrankung und es ließ sich nie genau vorhersagen, wie die Blüte tatsächlich ausfallen würde. Beliebt waren auch die Papageien-Tulpen, die ebenfalls auf eine Erkrankung zurückzuführen sind. In dieser Zeit waren Tulpen an den meisten Fürstenhöfen wichtige Pflanzen. Vor allem den Damen hatten es die Tulpen angetan und oftmals wurden eigens Maler angestellt, um die Vielfalt festzuhalten. Nach dem Höhenflug ließ das Interesse an den Tulpen jedoch rasch nach. Die Tulpen kamen nun beim „kleinen Mann" in den Bürgergärten an.

WAS LANGE WÄHRT, WIRD GUT **Von der Kreuzung bis zur ersten Blüte der Sämlinge dauert es ca. 7 Jahre. Erst dann können neue Sorten ausgelesen werden, die man weiterkultiviert. In den nächsten Jahren stehen diese Auslesen auf dem Prüfstand: Sind sie gartentauglich? Eignen sie sich als Schnittblumen? Bleiben sie gesund? Sind sie farbtreu? Erst wenn solche Fragen zufriedenstellend beantwortet sind, werden die Tulpen in größeren Mengen angezogen, bis sie nach ca. 25 Jahren endlich in den Handel kommen.**

DIE HEUTIGEN GARTENTULPEN

Ende des 19. Jahrhunderts gab es wieder größere Änderungen im Sortiment. Verschiedene Firmen hatten Pflanzensammler losgeschickt und diese brachten Wild-Tulpen aus den Gebirgen zwischen der Türkei und China im Süden Russlands nach Holland. Vor allem die Firma Krelage führte bedeutende Züchtungen durch. So entstanden aus der *Tulipa retroflexa* und den vorhandenen Züchtungen 1911 die ersten Lilienblütigen Tulpen. Späte Tulpen wurden mit frühblühenden Sorten gekreuzt und zu den Triumph-Tulpen zusammengefasst. Eine wichtige Rolle spielte auch *Tulipa fosteriana*, die in der Natur selbst in unterschiedlichen Formen vorkommt. Ein Teil der Sorten sind Auslesen aus den Wildvorkommen. Die Wildform wurde aber auch mit vorhandenen Sorten gekreuzt und so entstanden die Darwin-Hybride-Tulpen, die große Blüten haben sowie starke Stiele und für die Verwendung im Garten die besten Sorten sind. Sie kamen nach dem 2. Weltkrieg vermehrt in den Handel. Eine der bekanntesten Sorten ist 'Apeldoorn' – die klassische rote Gartentulpe. Es entstanden aus *Tulipa fosteriana*, *T. greigii* und *T. kaufmanniana* Sorten, oft mit rot gezeichneten Blättern, die zu den botanischen Tulpen zusammengefasst werden. Ein weiterer Meilenstein nach jahrelanger Arbeit war die Sorte 'Queen of Night' – die erste schwarze Tulpe, die seit 1944 im Handel ist. Auch heute geht die Züchtung weiter, sei es in neuen Farben, Formen oder Sorten.

WUNDERSCHÖNE TULPENPORTRÄTS 'Markgräfin Sybilla Augusta von Baaden' ist eine der viruskranken Tulpen, mit denen während der Tulpenmanie spekuliert wurde. Im 17. und 18. Jahrhundert war sie an den Fürstenhöfen sehr populär und oft porträtiert. Eine schöne Sammlung von Bildern der damaligen Gartenpflanzen ist die Sammlung des Markgrafen von Baden von 1730, die sich in der Badischen Landesbibliothek in Karlsruhe befindet. Neben Tulpen mit den gebrochenen Blütenfarben findet man die ersten Papageien-Tulpen, gefüllte Hyazinthen und Anemonen und vieles mehr. In der Zeit waren überall auf der Welt Reisende unterwegs, die neue Pflanzen nach Europa brachten. Diese wurden wissenschaftlich beschrieben und erhielten die botanischen Namen, die Carl von Linné ab 1735 in seiner „Systema naturae" eingeführt hat.

TULPEN UND NARZISSEN

Sortenvielfalt in Bahnen gelenkt

Mit den modernen Züchtungen bei Tulpen und Narzissen geht eine große Sortenvielfalt einher. Um diese zu gliedern, wurden die Pflanzen in verschiedene Gruppen eingeteilt, die in einzelnen Eigenschaften übereinstimmen.

DIE EINTEILUNG DER TULPEN

Die Koninklijke Algemeene Vereeniging voor Bloembollencultuur (KAVB), die Vereinigung holländischer Zwiebelzüchter mit Sitz in Hillegom, führt eine Liste mit allen kultivierten Sorten. Dort werden die Neuzüchtungen angemeldet und in die entsprechenden Klassen eingeteilt. Die Einteilung erfolgt nach der Form der Blüten und dem Blütezeitpunkt. Dadurch ist die Vielfalt an Sorten besser handzuhaben, denn innerhalb der Klassen gibt es unterschiedliche Zuchtziele. So werden z. B. die Triumph-Tulpen vorwiegend für die Schnittblumenproduktion und die Treiberei gezüchtet, während die Darwin-Hybriden als robuste, ausdauernde Gartensorten kultiviert werden.

DIE EINTEILUNG DER NARZISSEN

Narzissen-Züchtungen spielen in England eine wichtige Rolle, deshalb wird die Liste mit den internationalen Sorten von der Royal Horticultural Society (RHS), der englischen Königlichen Gartenbauvereinigung in Wisley geführt. Sie ist für die Einteilung, der Narzissen in die 13 Klassen verantwortlich. Innerhalb dieser Klassen gibt es vor allem in der Blüte und auch in den Standortansprüchen zusammenhängende Eigenschaften.

DIE 15 TULPENKLASSEN

PFLANZENNAME	AUSSEHEN	KENNZEICHEN
Einfache Frühe Tulpe (1) EF Bsp.: 'General de Wet' (s. S. 110 „Langsam wird es bunt")		einfach Blüten, kurze Stiele
Gefüllte Frühe Tulpe (2) GF Bsp.: 'Monte Carlo' (s. S. 120 „Gelb-Facetten")		gefüllte Blüten, kurze Stiele
Triumph-Tulpe (3) TT Bsp.: 'Hemisphere' (s. S. 102 „Pink ist Trumpf")		einfache Blüten, mittellange Stiele
Darwin-Hybride-Tulpe (4) DH Bsp.: 'Daydream' (s. S. 110 „Langsam wird es bunt")		einfache große Blüten, lange kräftige Stiele
Einfache Späte Tulpe (5) ES Bsp.: 'Queen of Night' (s. S. 128 „Silber und Lila")		einfache Blüten, lange Stiele, Darwin- und Cottage-Tulpen gehören dazu
Lilienblütige Tulpe (6) LB Bsp.: 'Red Shine' (s. S. 118 „Feurig rot")		einfache Blüten, Blütenblätter nach hinten gebogen, lange Stiele
Gefranste Tulpe (7) Bsp.: 'Honeymoon' (s. Gärtner Pötschke)		einfache Blüten, Blütenblätter mit kristallförmigen Fransen
Viridiflora-Tulpe (8) Bsp.: 'Spring Green' (s. S. 94 „Der Frühling kommt auf leisen Sohlen")		einfache Blüten, Blütenblätter außen mit grüner Zeichnung
Rembrandt-Tulpe (9) (s. Mischungen bei Gärtner Pötschke und Bakker)		einfache Blüten, Blütenblätter gestreift oder gebrochen farbig → evtl. Virus!
Papageien-Tulpe (10) PA Bsp.: 'Roccoco' (s. S. 118 „Feurig rot")		einfache Blüten, Blütenblätter stark eingeschnitten und gedreht
Gefüllte Späte Tulpe (11) Bsp.: 'Angélique' (s. Gaißmayer)		gefüllte Blüten, meist langstielig
Kaufmanniana-Hybride (12) Bsp.: 'Showwinner' (s. S. 118 „Feurig rot")	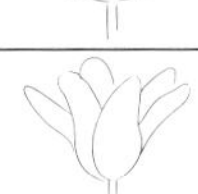	einfache Blüten, vielfarbig, Blätter teilweise gefleckt, außen meist rötlich
Fosteriana-Hybride (13) Bsp.: 'Purissima' (s. S. 134 „Schneewittchen")		einfache große Blüten, mittellange Stiele, große, teilweise gefleckte Blätter
Greigii-Hybride (14) Bsp.: 'Rotkäppchen' (s. Gärtner Pötschke)		einfache Blüten, sehr variabel in Farbe und Form, Blätter gefleckt oder gestreift
Diverse Wildformen (15) Bsp.: *Tulipa batalinii* 'Red Gem'		Wildarten und -sorten, die anderen Gruppen nicht genau zugeordnet werden können

DIE 13 NARZISSENKLASSEN

PFLANZENNAME	AUSSEHEN	KENNZEICHEN
Trompeten-Narzisse (1) (Osterglocken) Bsp.: 'Mount Hood' (s. S. 134 „Schneewittchen")		einzelne Blüte, Nebenkrone mind. so groß wie Hauptkrone
Großkronige Narzisse (2) Bsp.: 'Fortissimo' (s. S. 110 „Langsam wird es bunt")		einzelne Blüten, Nebenkrone hat mindestens ⅓ der Größe der Hauptkrone
Kleinkronige Narzisse (3) Bsp.: 'Barrett Browning' (s. Horst Gewiehs GmbH Blumenzwiebel-Import und Großhandel)		einzelne Blüten, Nebenkrone hat maximal ⅓ der Größe der Hauptkrone
Gefüllte Narzisse (4) Bsp.: 'Golden Ducat' (s. Gaißmayer)		gefüllte Blüten, unterschiedlich ausgeprägt, oft nicht gut standfest
Triandrus-Hybride (5) (Engelstränen-Narzisse) Bsp.: 'Hawera' (s. S. 94 „Der Frühling kommt auf leisen Sohlen")		mehrere Blüten am Stängel, Nebenkrone zylindrisch, Hauptkrone leicht zurückgebogen
Cyclamineus-Hybride (6) (Alpenveilchen-Narzisse) Bsp.: 'Cotinga' (s. S. 102 „Pink ist Trumpf")		1–2 Blüten pro Stängel, lange Nebenkrone, Hauptkrone stark zurückgebogen
Jonquilla-Hybride (7) (Jonquillen) Bsp.: 'Sweetness' (s. S. 120 "Gelb-Facetten")		1–6 Blüten pro Stängel, duftend, kleine Nebenkrone, Hauptkrone flach, breit, rundlich
Tazetta-Hybride (8) (Strauß-Narzisse) Bsp.: 'Paperwhite' (s. Gaißmayer)		buschige Blüten, kleine Nebenkrone, breit zugespitzte Hauptkrone, Topfkultur
Poeticus-Hybride (9) (Dichter-Narzisse) Bsp.: 'Actaea' (s. S. 134 „Schneewittchen")		einzelne Blüten, kleine farbige Nebenkrone, weiße breitblättrige Hauptkrone
Bulbocodium-Hybride (10) (Reifrock-Narzisse) Bsp.: 'Classic Gold' (s. Gaißmayer)		Nebenkrone größer als Hauptkrone, schmale Blätter
Splitt- oder Spaltkronige Narzisse / Split-Corona-N. (11) Bsp.: 'Chanterelle' (s. S. 120 „Gelb-Facetten")		einzelne Blüten, Nebenkrone zur Hälfte eingeschnitten, gewellt
Sonstige (12)		Sorten, die nicht unter die obigen Gruppen fallen
Wildformen (13)		je nach Art

DIE DAHLIENBLÜTE

Eigenschaften verbinden

Dahlien lassen sich leicht kreuzen und es gibt eine Vielzahl an Sorten, die in den letzten Jahren entstanden sind. Sie werden anhand der Ausbildung der Einzelblüten in die verschiedenen Klassen eingeteilt.

DAS INTERNATIONALE REGISTER

Es wird ebenfalls von der Royal Horticultural Society (RHS) im englischen Wisley geführt. Die erste Liste wurde 1969 veröffentlicht und enthielt ca. 14 000 Sorten, die bis zu diesem Zeitpunkt bekannt waren. Seitdem erfolgen Ergänzungsbände mit den Neuzüchtungen – jährlich über 100 Sorten. Die Einteilung der Klassen ändert sich immer wieder. Teilweise werden nur 10 Klassen angegeben, andere teilen sie in 13 Klassen ein, die RHS führt jetzt die päonienblütigen Dahlien als 14. Klasse. Das zeigt, wie schwierig es ist, diese Vielfalt richtig einzuordnen, da oft auch nur geringe Unterschiede zwischen den einzelnen Gruppen bestehen.

DIE GESCHICHTE DER DAHLIE

1520 sah der erste Europäer eine Dahlie bei den Azteken, doch erst 1651 beschrieb der spanische Arzt Francisco Hernandez die erste Dahlie. 1789 kamen die ersten Samen an den Botanischen Garten nach Madrid. 1804 brachte Alexander von Humboldt sie nach Paris und Berlin. Ab diesem Zeitpunkt gab es eine schnelle Ausbreitung durch ganz Europa und es kamen viele Züchtungen: gefüllte Dahlien, dann anemonenblütige Dahlien ab 1830 und Pompon-Dahlien ab 1850. Mit der Einführung der Wildform *Dahlia juarezii* 1872 kamen die Kaktus-Dahlien, 1900 die Halskrausen und 1903 die Päonienblütigen und weitere Formen hinzu.

DIE 13 DAHLIENKLASSEN

PFLANZENNAME	AUSSEHEN	KENNZEICHEN	VITA
Einfach Blühende Dahlie (1) Bsp.: 'Dark Angel Pretty Woman' (s. Gärtner Pötschke)		einfacher Ring aus acht Blütenblättern, teilweise überlappend, Röhrenblüten flach	♃ ⤢30 ✿ VII-X ↥20-30 ○ 💧
Mignon-Dahlie (1) Bsp.: 'Twyning's Smartie' (s. Gärtner Pötschke und Bakker)		einfach blühende Sorte, kompakter Wuchs	♃ ⤢40-60 ✿ VII-X ↥50-100 ○ 💧
Top-Mix-Dahlie (1) (Mischung bei Gärtner Pötschke)		einfach blühende Sorte, kleinwüchsig, Gesamtblüte nur 2-3 cm	♃ ⤢30 ✿ VII-X ↥30-50 ○ 💧
Anemonenblütige Dahlie (2) Bsp.: 'Boogie Woogie' (s. Gärtner Pötschke)		einer oder mehrere Ringe aus flachen Blütenblättern, Röhrenblütenblätter länger und sehr dicht	♃ ⤢50-80 ✿ VII-X ↥100-120 ○ 💧
Halskrausen-Dahlie (3) Bsp.: 'Night Butterfly' (s. Gärtner Pötschke)		äußerer und innerer Ring unterschiedlich gefärbt, Röhrenblüten flach	♃ ⤢40-60 ✿ VII-X ↥80-90 ○ 💧
Seerosen-Dahlie (4) Bsp.: 'Karma Serena' (s. Gaißmayer)		gefüllte Blüten, mit nach innen oder außen gerollten Blütenblättern	♃ ⤢40-60 ✿ VII-X ↥90-100 ○ 💧
Dekorative Dahlie (5) Bsp.: 'Tartan' (s. Baldur-Garten)		dicht gefüllte Blüten, breite, leicht gerollte oder flache Blütenblätter mit abgerundeter Spitze	♃ ⤢50-80 ✿ VII-X ↥50-100 ○ 💧
Ball-Dahlie (6) Bsp.: 'Snooker Orange' (s. S. 110 „Langsam wird es bunt")		dicht gefüllte Blüten, ballförmig, Blütenblätter eingerollt	♃ ⤢40-60 ✿ VII-X ↥80-100 ○ 💧
Pompon-Dahlie (7) Bsp.: 'Natal' (s. Gaißmayer)		dicht gefüllte Blüten, ballförmig, Blüten kleiner als bei Ball-Dahlie	♃ ⤢40-60 ✿ VII-X ↥80-100 ○ 💧
Kaktus-Dahlie (8) Bsp.: 'Nuit d'Été' (s. Gaißmayer)		dicht gefüllte Blüten, Blütenblätter zugespitzt, strahlenartig, gerollt	♃ ⤢50-80 ✿ VII-X ↥100-120 ○ 💧
Semi-Kaktus-Dahlie (9) Bsp.: 'Vulkan' (s. Gaißmayer)	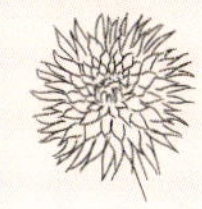	dicht gefüllte Blüten, breitere Blütenblätter als Kaktus-Dahlie	♃ ⤢50-80 ✿ VII-X ↥90-120 ○ 💧
Diverse Dahlien (10) Drei Beispiele folgen ↓		alle Dahlien, die einer anderen Gruppe nicht eindeutig zugeordnet werden können	
Päonienblütige Dahlie (10) Bsp.: 'Bishop of Llandaff' (s. S. 118 „Feurig rot")		mehrere Blütenkränze, Blütenblätter flach, breit, wenig gerollt	♃ ⤢40-60 ✿ VII-X ↥80-100 ○ 💧
Park-Dahlie (10) Bsp.: 'Berliner Kleene' (s. Gärtner Pötschke)		unterschiedliche Blüten, kompakter Wuchs, ideal für Rabatte	♃ ⤢40-60 ✿ VII-X ↥40-70 ○ 💧
Dekasplit-Dahlie (10) Bsp.: 'Clair-Obscure' (s. Gärtner Pötschke)		wie Dekorative-Dahlie, mit tief eingeschnittenen Blütenblättern	♃ ⤢50-80 ✿ VII-X ↥100-120 ○ 💧
Hirschgeweih-Dahlie (11) Bsp.: 'Myrtle's Folly' (s. Albert Treppens & Co Samen GmbH)		dicht gefüllt wie Kaktus-Dahlie, Blütenblätter am Ende gespalten	♃ ⤢50-80 ✿ VII-X ↥90-100 ○ 💧
Orchideenblütige Dahlie (12) Bsp.: 'Windmill' (s. Albert Treppens & Co Samen GmbH)		nur einen sternförmigen Blütenkranz, Blüte nach oben gebogen und spitz	♃ ⤢40-60 ✿ VII-X ↥80 ○ 💧
Orchideenblütige Dahlie, gefüllt (13) Bsp.: 'Jescot Julie' (s. Albert Treppens & Co Samen GmbH)		gefüllt, sternförmig angeordnet, Blüten nach oben oder unten gerollt	♃ ⤢50-80 ✿ VII-X ↥100 ○ 💧

♃ Staude ⤢ Pfl./m² ✿ Blütenmonate ↥ Höhe in m
Standort ○ hell ◑ Halbschatten ● Schatten
Wasserbedarf 💧 groß 💧 mittel 💧 gering

↘ SO GEHT'S

[a] LATERNENLILIE Sie gehört zu den empfindlicheren Pflanzen, die in humosen Böden zu kultivieren sind. Mit ihren ca. 80 cm hohen, beblätterten Blütenständen und orangen Glockenblüten ist sie im Sommer ein Schmuckstück für halbschattige Gartenplätze. Sie ist nicht in allen Regionen winterhart und eher für den passionierten Gärtner geeignet.

[b] SCHNEESTOLZ ODER SCHNEEGLANZ Wer dieses kleine Gewächs, auch Dunkle Sternhyazinthe genannt, in den Garten holt, der hat es später überall. Die Pflanzen verbreiten sich durch Aussaat und Tochterzwiebeln, bastardieren mit anderen Wildformen und sorgen so für Vielfalt, z. B. unter Sträuchern. Sie wirken besser in der Menge, da die einzelnen Blüten klein sind und stellen keine Ansprüche an Boden und Pflege.

[c] SCHACHBRETTBLUME Die einzelnen Blüten sind mit ihrem Farbenspiel faszinierend, kommen im Garten jedoch meist kaum zur Geltung. Am besten gedeihen sie im Alpinum in humosen Böden zwischen zwergigen Stauden. Die Schachbrettblume vermehrt sich kaum, wird aber heute durch Gewebekultur in großen Mengen vermehrt und im Frühling als Topfpflanze angeboten.

FORM UND FARBE

nahezu grenzenlos

Glocken- oder sternförmig, offen, geschlossen, einfach oder gefüllt, einfarbig, mehrfarbig, mit und ohne Zeichnung, niedrig oder hoch, früh- oder spätblühend, Knolle, Zwiebel oder Rhizom – alles ist möglich.

DIE VIELFALT IN DER BLÜTE

Das Einzige, was alle Geophyten gemeinsam haben, ist die Ausbildung von Speicherorganen, mit denen sie ungünstige Zeiten überdauern.

Bei den Blüten sind in den Formen von einfach bis gefüllt, von Glocken- oder Kelchform bis Sternförmigkeit ganze Bandbreiten vorhanden. Auch die Blütenstiele variieren von kurz bis lang, von blattlos bis beblättert, von einstielig bis verzweigt. In der Haltbarkeit der Blüten gibt es ebenfalls Unterschiede. Die eine Blüte hält nur einen Tag, die andere blüht länger, wobei ein Teil nachts oder bei Kälte die Blüten schließt, der andere Teil tut dies nicht. Duft und Geruch sind weitere sehr variable Eigenschaften, ebenso wie der Blütezeitpunkt.

BLÄTTER UND WUCHSFORMEN

Grüne, graue, einfarbige oder auch gezeichnete Blätter, alles ist möglich. Von schmalen, länglichen, grasförmigen Blättern bis zu breiten Blattformen gibt es viele Spielarten. Die einen erscheinen mit der Blüte, die anderen erst nach der Blüte, bei herbstblühenden Pflanzen ist dies oft erst im nächsten Frühjahr der Fall. Grundständige Blätter mit kurzen Blattstielen führen zu horstigen Wuchsformen, schmale, längliche Blätter sehen teilweise aus wie Rasenflächen.

VERWENDUNG UND AUSBREITUNG

Grundsätzlich können sich alle Wildformen über Samen ausbreiten. Dies dauert teilweise ziemlich lange, 4–7 Jahre sind keine Seltenheit, sondern eher die Regel. Da ist Geduld gefragt. Doch die meisten Zwiebel- und Knollengewächse bilden zusätzlich Tochterzwiebeln aus, die etwas schneller zur Blüte kommen, oft schon nach 1–2 Jahren. Über Ausläufer oder Zugwurzeln können sie sich an andere Stellen im Garten oder in tiefere Bodenschichten bewegen. Verwildernde Pflanzen haben aufgrund der langen Kulturzeit aus Samen Anlaufschwierigkeiten, gedeihen dann aber problemlos. Empfindliche Pflanzen brauchen jedoch stets die schützende Hand des Gärtners. Und manchmal gibt es Feinde, die den Zwiebeln den Garaus machen – denn die Stärkeknollen sind natürlich ein Leckerbissen für Mäuse und andere Schädlinge (siehe auch Krankheiten und Schädlinge S. 44–45).

BLÄTTER EINZIEHEN LASSEN! Die Blätter sind das Wichtigste für das Weiterbestehen der Pflanzen. Je mehr Photosynthese sie leisten können, umso mehr Zuckerverbindungen kann die Pflanze in den Speicherorganen einlagern, umso größer werden diese und umso sicherer gibt es im nächsten Jahr wieder eine Blüte. Deshalb die Blätter schonen und in Ruhe einziehen lassen, auch wenn dies manchmal schwerfällt, weil das vergilbende Laub zwischen dem neuen Grün stört.

[1.]

VIELFALT IM TOPF

echt außergewöhnlich

Die nachfolgenden Pflanzen begegnen uns selten im Alltag, dafür teilweise als Besonderheiten auf Ausstellungen und Messen oder als Schnittblumen.

[2.]

[3.]

INKA-LILIE, PERUANISCHE LILIE [1.]

Alstroemeria Cultivars

Wuchs: Rhizom, vielköpfig
Blüte: Juni–Oktober, in verschiedenen Farben, weiß, rosa, rot, orange, gelb, in einer Dolde, von den inneren 3 Blütenblättern sind die 2 oberen gestreift oder gezeichnet, bis ca. 100 cm hoch
Blätter: länglich bis lanzettlich, gedreht, am Stängel
Herkunft: Wildformen aus Südamerika
Standort: sonnig–halbschattig, windgeschützt; nährstoffreiche, durchlässige, humose, leicht saure Gartenböden
Bemerkungen: sehr gute Schnittblume und Topfpflanze, ausgepflanzt nur bedingt winterhart mit einer sehr dicken Laubschicht – alternativ: im Frühjahr auspflanzen, im Herbst herausnehmen und frostfrei überwintern
Begleitpflanzen: Salbei, Lavendel, Edeldisteln, Atlasschwingel

CHILE-KROKUS, ENZIAN-KROKUS [2.]

Tecophilea cyanocrocus

Wuchs: Knolle mit faseriger Hülle
Blüte: März, krokusähnlich, enzianblau mit weißem großem Schlund, ca. 5 cm Durchmesser, 10 cm hoch
Blätter: 2–3, länglich, schmal, grün, umfassen den Stängel am Grund in einer Hülle, ca. 10 cm lang
Herkunft: Chile
Standort: sonnig; nährstoffreiche Böden, nur feucht während der Wachstumsphase, sonst trocken und kühl
Bemerkungen: werden nur selten angeboten; am besten im Kalthaus bzw. Topf kultivieren, da sie bei Mäusen sehr beliebt sind, auch Schnecken und Raupen machen sich gerne über das Laub her; die Knollen brauchen sehr lange bis sie eine blühfähige Größe erreichen, je mehr dabei das Laub beschädigt wird, desto länger ist die Wachstumszeit
Begleitpflanzen: alpine Stauden im Kalthaus

JAKOBS-LILIE [3.]

Sprekelia formosissima

Wuchs: braune Zwiebel, ca. 5 cm Durchmesser
Blüte: April–Mai, leuchtend rot, ca. 30 cm hoch
Blätter: grundständig, bandförmig, flach, ca. 2 cm breit, bis 50 cm lang, dunkelgrün, erscheinen erst nach der Blüte
Herkunft: Mexiko, Guatemala
Standort: sonnig, warm; nährstoffreiche, durchlässige Gartenböden
Bemerkungen: warm bei mindestens 12 °C überwintern; wie eine Amaryllis behandeln, nicht zu tief pflanzen, die Oberkante der Zwiebel sollte noch aus der Erde herausschauen; der deutsche Name geht auf das Aussehen der

Blüte zurück, die an das Kreuz der spanischen Ritter von St. Jakob (Santiago-Orden) erinnert
Begleitpflanzen: keine, als Topfpflanze verwenden

NERINE [4.]

Nerine bowdenii
Wuchs: längliche Zwiebel
Blüte: September–Oktober; Dolde mit bis zu 12 Blüten, kräftig rosa oder weiß mit dunklerem Mittelstreifen, ca. 60 cm hoch
Blätter: sehr variabel, länglich, stumpfgrün, grundständig, im Winter oder Sommer ausgebildet
Herkunft: Südafrika
Standort: sonnig, warm; nährstoffreiche, durchlässige, feuchte Gartenböden
Bemerkungen: brauchen für die Blüte ausreichend Sonne und Wärme, nicht voll winterhart, am besten im späten Frühjahr auspflanzen, im Herbst roden und bei über 5 °C überwintern, dabei nie ganz austrocknen lassen; sehr schöne Schnittblume, am besten im Kalthaus kultiviert oder im Topf; auf der britischen Kanalinsel Guernsey ist sie verwildert, die anderen Arten, die teilweise angeboten werden, sind weniger frosthart und schwieriger in der Kultur
Begleitpflanzen: niedrige Stauden, Gräser

RUHMESKRONE [5.]

Gloriosa superba 'Rothschildiana'
Wuchs: rhizombildende Schlingpflanze, bis zu 2,5 m hoch
Blüte: Juli–September, gelb-rote, zurückgebogene Blüten, gedrehte Blütenblätter
Blätter: mandelförmig, gedreht, lange Spitzen als Kletterranken
Herkunft: tropisches Afrika und Asien
Standort: sonnig, warm; nährstoffreiche, humose, durchlässige Gartenböden
Bemerkungen: im Herbst abschneiden und warm überwintern; ausgepflanzt gedeiht sie am besten in einem Gewächshaus, da sie zum Blühen ausreichend Wärme benötigt (am besten immer um die 18–22 °C – auch in der Nacht); zum Pflanzen quer in die Erde legen und ca. 3 cm überdecken; sehr schöne Schnittblume
Begleitpflanzen: keine, als Kübelpflanze mit Rankgerüst

AMAZONAS-LILIE, HERZKELCH [6.]

Eucharis amazonica
Wuchs: kleine Zwiebel
Blüte: Dezember–März, Juli–August; weiß, bis 12 cm Durchmesser, duftend, ca. 60 cm hoch
Blätter: immergrün, groß, mit Stielen, glänzend dunkelgrün
Herkunft: Ecuador, Peru
Standort: sonnig–halbschattig, hell, warm; nährstoffreiche durchlässige Böden
Bemerkungen: die Pflanze gedeiht am besten in einem warmen Gewächshaus mit beheiztem Boden; die Wuchskraft lässt im Topf zu wünschen übrig; nicht ganz einfach zu kultivieren; als Schnittblume geeignet; braucht zur Blüteninduktion ein paar kühle Wochen bei 12–15 °C und Trockenheit oder schwankende Tag-Nacht-Temperaturen
Begleitpflanzen: keine, nur für versierte Hobbygärtner

[4.]

[5.]

[6.]

Wildtulpen
Wildtulpen
w/rot
Fritillaria

ZWIEBEL-PRAXIS

leicht gemacht

Der gekonnte Umgang mit den Pflanzen trägt zum Gelingen bei. Die richtige Lagerung und Verwendung spielen dabei eine wichtige Rolle, denn die Pflanzen sollen nicht zu viel Arbeit, dafür aber sehr viel Freude bringen, vor allem im Frühling nach einer langen Winterpause.

DIE PFLANZZEITEN

im Herbst, Frühjahr & Sommer

Die wichtigste Pflanzzeit für die meisten Zwiebelgewächse ist der Herbst und etwas früher natürlich für die im Herbst blühenden Arten. Im Frühjahr kommen die frostempfindlichen Arten für den Sommer in den Boden.

DIE HERBSTPFLANZUNG

Sobald man die Zwiebeln und Knollen in den Boden pflanzt, fangen sie an, neue Wurzeln zu bilden. Deshalb sollten sie nicht zu spät gesetzt werden, wenn man die Pflanzen auf Jahre im Garten halten will. Der beste Zeitpunkt für die herbstblühenden Arten sind die Monate August und September. Alle frostharten Geophyten kann man ab September bis in den Dezember hinein im Garten pflanzen.

In Kombination mit einjährigen Frühjahrspflanzungen werden die Zwiebeln erst im November gepflanzt, wenn die Sommerbepflanzung abgeräumt wird. So kommen Narzissen und Tulpen dann etwas später mit den entsprechenden Partnern zum Blühen.

DIE FRÜHJAHRSPFLANZUNG

Sie betrifft vor allem die nicht frostharten Pflanzen, die nach den Eisheiligen Mitte Mai in den kühleren Regionen ausgepflanzt werden. Im Weinbauklima kann dies mit einem geringen Risiko schon früher erfolgen.

Doch keine Regel ohne Ausnahmen – natürlich können auch Frühlingsblüher oder Dahlien und Lilien vor oder nach der Blüte in Töpfen im Garten ausgepflanzt werden.

Wenn man Gladiolen lange für den Schnitt haben will, dann sollte man sie in zwei oder drei Sätzen anbauen, d. h., die ersten werden im April/Mai gepflanzt, die nächsten im Mai und die letzten im Juni, denn dann kommen sie nacheinander zum Blühen.

PFLANZZEITEN DER WICHTIGSTEN ZWIEBEL- UND KNOLLENGEWÄCHSE

PFLANZE	JAN	FEB	MÄRZ	APRIL	MAI	JUNI	JULI	AUGUST	SEPT	OKT	NOV	DEZ
Alpenveilchen *Cyclamen*			■	■					■	■	■	
Blaustern *Scilla*									□	□	□	
Dahlie *Dahlia*			■	■								
Gladiolen *Gladiolus*				□		□						
Gold-Krokus *Sternbergia*								■	■			
Hasenglöckchen *Hyacinthoides*									□	□	□	
Herbstzeitlosen *Colchicum*								■	■			
Hundszahn *Erythronium*									□	□	□	
Hyazinthe *Hyacinthus*									■	■	■	
Kaiserkrone, Schachblume *Fritillaria*									□	□	□	
Knotenblume *Leucojum*			■						■	■	■	
Krokus *Crocus*								□	□	□	□	
Lerchensporn *Corydalis*									■	■	■	
Lilie *Lilium*			□						□			
Montbretie *Crocosmia*			■	■								
Narzisse, Osterglocke *Narcissus*									□	□	□	
Prärielilie *Camassia*									■	■	■	
Schneeglöckchen *Galanthus*			□						□	□		
Schneestolz *Chionodoxa*									■	■	■	
Schwertlilie *Iris*									□	□	□	
Steppenkerze *Eremurus*									■	■	■	
Traubenhyazinthe *Muscari*									□	□	□	
Tulpe *Tulipa*									■	■	■	
Windblume, Zephirblume *Zephyranthes*			□									
Windröschen, Anemonen *Anemone*			■						■	■	■	
Winterling *Eranthis*								□	□	□		
Zierlauch *Allium*	■	■						■	■	■		

DER RICHTIGE BODEN

Der Schlüssel zum Gelingen

So lassen sich gute Bodenbedingungen umschreiben: 1. Nie Staunässe. 2. Während der Wachstumsphase durchaus viel Wasser speichernd. 3. Ein guter Wasserabzug, ohne dass der Boden zu stark austrocknet.

BESSER, ALS MAN DENKT

Vielfach wird Prärie und Steppe mit nährstoffarmen Böden gleichgesetzt, doch dies ist ein Trugschluss, denn diese Böden sind durchaus fruchtbar. Während der kurzen Wachstumsphase brauchen alle Zwiebel- und Knollengewächse ausreichend Nährstoffe. Dies muss der Boden gewährleisten. Das ist in lehmhaltigen, humosen und mineralischen Böden leichter zu erreichen als in sehr sandigen Böden, dort hilft man am besten mit organischen Düngern nach (siehe auch Düngung S. 36–37).

GUTEN WASSERABZUG GEWÄHRLEISTEN

Ein guter Wasserabzug ist ein wichtiges Kriterium, wenn man mit den Geophyten Erfolg haben will. Verschiedene Methoden stehen dafür zur Verfügung. Man kann durch das Beimischen von Steinen und Sand bei schweren Lehmböden nachhelfen. Wenn man nicht die ganze Fläche damit herrichten will, genügt oftmals auch ein größeres Pflanzloch, das man vor allem direkt unter den Zwiebeln mit einer steinigen Mischung auffüllt. Ganz wichtig ist dies z. D. bei den Steppenkerzen.
Alternativ kann man die Geophyten zwischen Bäume und laubabwerfende Sträucher setzen. Dort sorgen diese durch ihren hohen Wasserverbrauch dafür, dass die Zwiebeln im Sommer nicht zu nass stehen. Deshalb gedeihen viele von ihnen gut im Gehölzrandbereich. Dabei sind diejenigen Zwiebeln, die mehr Wärme benötigen, besser auf der Südseite aufgehoben, die anderen zwischen West- und Ostseite.

NORMALER GARTENBODEN

Er spielt für die Pflanzen eine Rolle, die im Frühjahr gepflanzt und im Herbst wieder aufgenommen bzw. im Herbst gepflanzt und im Frühjahr wieder herausgenommen werden, wie z. B. Dahlien oder Tulpen in Wechselflorpflanzungen. Dieser Boden muss leicht zu bearbeiten sein, sollte also nicht zu viele Steine enthalten, und eine gute Mischung aus Humus- und Lehmanteilen beinhalten.
Eine Bodenbearbeitung ist bei der Neuanlage eines Beetes sinnvoll und sollte den Stauden und Begleitpflanzen langfristig gerecht werden. Deshalb werden je nach Bedarf Kompost, Sand und Nährstoffe mit eingearbeitet. Achten Sie darauf, dass keine Wurzelunkräuter wie Quecke, Giersch, Disteln oder ähnliche Pflanzen im Boden vorhanden sind. Diese sollte man unbedingt vor der Pflanzung bekämpfen, z. B. durch Auflegen lichtundurchlässiger Folie auf das Beet. Die Unkräuter können so keine Photosynthese mehr betreiben und veröden auf die Dauer. Ein Jahr sollte man den Boden mittels dieses Tricks allerdings vorbereiten und ansonsten brach liegen lassen.
Sind die Zwiebeln einmal gepflanzt, sollte in den Flächen nicht zu viel gehackt oder umgegraben werden. Die Gefahr, dass sie gestört oder zerstört werden, ist groß.

HUMOSER WALDBODEN

Buschwindröschen, Hundszahn und Märzbecher brauchen humose Waldböden, die nie ganz austrocknen. Deshalb gedeihen sie in neu angelegten Beeten nur, wenn diese stark mit Kompost angereichert werden. In der weiteren Kultur sollte das leicht zersetzbare Laub im Herbst liegen bleiben, da es für diese Pflanzen auch ein Winterschutz ist!

STEINIGER BODEN

Dieser Boden enthält Gesteinsbrocken in unterschiedlichen Größen und ist ein mineralischer Boden mit einem geringen Humusanteil. Dafür kann er im Sommer sehr warm werden und gewährleistet immer einen guten Wasserabzug.

SO GEHT'S

[a] WALDBODEN Der Waldboden mit hohem Humusanteil trocknet nie ganz aus und bleibt im Sommer kühl. Die Laubschicht dient zusätzlich als Frostschutz im Winter. Das leicht zersetzbare Material liefert Nährstoffe in der Wachstumsphase, wenn der Boden entsprechend belebt ist.

[b] STEINIGE BÖDEN findet man oft in den Gebirgsregionen, in denen die Geophyten natürlich vorkommen. Diese Böden heizen sich in der Sonne auf und sorgen so dafür, dass eine größere Wärmesumme für die Pflanzen zusammenkommt. Zudem ist ein guter Wasserabzug gewährleistet.

[c] GARTENBODEN Der Gartenboden besitzt eine gute Krümelstruktur, ist leicht zu bearbeiten und wird zusätzlich mit Nährstoffen angereichert und den Bedürfnissen der Pflanzen angepasst. Er hat einen geringen Humusanteil. Das Bodenleben ist bei ständiger Bearbeitung immer wieder gestört.

[a]

[b]

SO GEHT'S

[a] DRAINAGEMÖGLICHKEIT Für viele Zwiebeln und Knollen ist eine Drainage wichtig, wie hier für die *Zantedeschia*. Bevor die Knolle gesetzt wird, sollte man das Pflanzloch unten mit einer Mischung aus Erde, Sand und Steinen abdecken. So kann im direkten Bereich der Knolle das Wasser gut abziehen.

[b] FLACHE PFLANZUNG Einige Zwiebeln und Knollen werden nur flach in die Erde eingesetzt. Sie werden mit wenig Erde überdeckt und anschließend angegossen. Zu diesen Pflanzen gehören Dahlien, Alpenveilchen und Freesien. Bei Hakenlilien und Amaryllis sollte die Zwiebelspitze noch aus der Erde ragen.

[c] PFLANZTIEFE BEACHTEN Bei den meisten Zwiebeln gilt, dass die Pflanztiefe 2 Mal die Zwiebelhöhe sein sollte. Große Zwiebeln wie Narzissen, Kaiserkronen und Tulpen werden deshalb bis zu 20 cm tief in die Erde gesetzt. Bei den kleineren Zwiebeln ist das Pflanzloch dementsprechend weniger tief.

[c]

RICHTIG PFLANZEN

Pflanztiefe & Wasserabzug

Die optimale Pflanztiefe und ein guter Wasserabzug sind wichtige Voraussetzungen für die erfolgreiche Kultur von Blumenzwiebeln. Da jede Pflanze ihre ganz eigenen Ansprüche hat, gibt es einiges zu beachten.

DIE PFLANZTIEFE

Dazu gibt es eine Faustregel: Man pflanzt jede Zwiebel etwa zweimal so tief ein, wie sie hoch ist. Im Allgemeinen ist es ratsam, sogar ein wenig tiefer zu pflanzen als zu flach. Doch es gibt auch Ausnahmen: Dahlien und Steppenkerzen – diese wollen nicht zu tief gepflanzt werden. Die Knollen und Rhizome sollten gerade mit 5–10 cm Erde überdeckt sein. Bei Amaryllis, Hakenlilie und Alpenveilchen darf die Zwiebel bzw. Knolle sogar noch etwas aus der Erde herausragen.
Wer seine Zwiebeln nach Jahren wieder ausgraben will, muss zum Teil ziemlich tief graben. So findet man das Buschwindröschen dann in ca. 30–40 cm Tiefe, auch Wild-Tulpen sind gerne in tieferen Bodenschichten. Dazu bilden die Pflanzen eine mindestens 2 mm dicke, weiße Wurzel aus und legen die neue Knolle oder Zwiebel dann an deren Ende an.

DER GUTE WASSERABZUG

Dieser ist für viele Geophyten wichtig, vor allem in der Ruhephase im Sommer. Während der Wachstumsphase können sie durchaus kurzzeitig in nassen Böden stehen, wie z. B. nach der Schneeschmelze. Sobald die neuen Zwiebeln oder Knollen gebildet sind, sollte dann nicht mehr zusätzlich gewässert werden. Staunässe gilt es grundsätzlich zu vermeiden. Abhilfe kann durch verschiedene Methoden geschaffen werden (siehe Der richtige Boden S. 30–31).
Das gilt auch für Zwiebeln, die in wechselfeuchten Standorten daheim sind und deren Zwiebeln nie ganz austrocknen dürfen, wie z. B. Buschwindröschen, Märzbecher, Schneeglöckchen, Schachbrettblumen und Bärlauch. Hier sollte auch im Sommer eine Restfeuchte im Boden vorhanden sein.
Bei den Zwiebeln aus wärmeren Gebieten spielt auch die Bodentemperatur noch eine wichtige Rolle. Tulpen mögen es „gebacken" zu werden. Das ist in trockenen Böden leichter als in feuchten.

PFLANZTIEFEN IN CM

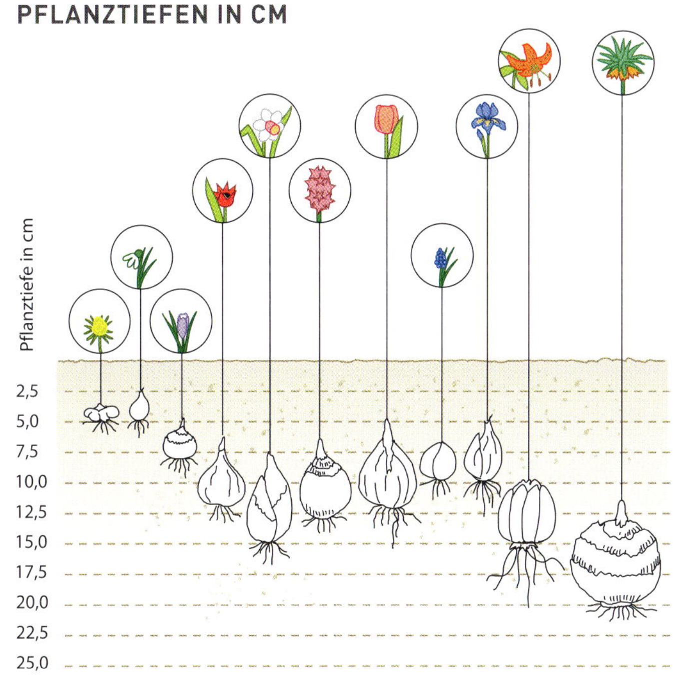

↘ SO GEHT'S

[a] EINZELPFLANZUNG Einzeln zieht der Hundszahn ,Purple King' *(Erythronium dens-canis)* das Auge des Betrachters auf sich, sowohl auf die schön gefleckten Blätter als auch auf die Blüten. Alle anderen Pflanzen würden der Pflanze Konkurrenz machen, sodass man ihre Schönheit gar nicht genießen kann. Dies gilt nicht nur für den Hundszahn, sondern auch für viele andere zarte Schönheiten.

[b] NARZISSEN Erst in der Gruppe entfalten sie ihre ganze Pracht. Eine einzelne Narzisse sieht immer etwas verloren aus. Als mehrjähriger Horst, nicht zu dicht gepflanzt, wirken sie sowohl von der Nähe betrachtet als auch als Blütenfülle aus der Ferne. Dies gilt genauso für Tulpen, Hyazinthen, Kaiserkronen, Zierlauch usw.

[c] IN LAGEN Übereinander gepflanzt kommen sie nacheinander auf engstem Raum zum Blühen: Krokus, Blauglöckchen, Lerchensporn, Schneestolz, Seerosen-Tulpen und Gartentulpen. Von den Stauden ist noch nichts zu sehen und doch zeigt die Kombination im März schon den zweiten Flor.

[d] KROKUSWIESE In der Masse ein echter Hingucker. Ein einzelner zarter Krokus wird leicht übersehen, tritt er aber zu Hunderten oder gar Tausenden auf, dann zieht er wahre Völkerwanderungen an. Dasselbe gilt auch für z. B. Schneeglöckchen, Hasenglöckchen, Traubenhyazinthen, Winterlinge und Windröschen.

RICHTIG VERWENDEN

einzeln, in Gruppen, in Massen

Das wirklich Praktische an diesen vielseitigen Pflanzen ist, dass sie wenig Platz beanspruchen, weil sie gut übereinander, miteinander und zudem auch noch unter anderen Stauden oder Gehölzen wachsen.

EINZELN ODER IN KLEINEN GRUPPEN

Nicht jede Pflanze wirkt in der Menge, manche setzt man besser einzeln oder in kleinen Gruppen von 3–5 Pflanzen zusammen. Dazu gehören groß wachsende Zwiebeln wie die Kaiserkrone, die Madonnenlilie, Lilien, Steppenkerzen oder auch die Hakenlilie. Dies gilt auch für Pflanzen mit besonders schönen Einzelblüten, da sie dann besser zur Geltung kommen. Dazu gehören die Zwerg-Iris, Zwerg-Tulpen, Blutwurz, Schachbrettblumen und besondere Krokusse.
Einige Arten können aufgrund ihres besonderen Blütezeitpunkts in kleinen Gruppen angepflanzt werden, weil sie entweder sehr früh oder auch erst ganz spät zur Blüte kommen. Dazu gehören Teufels-Krokusse *(Crocus imperati)*, die je nach Witterungsverlauf zwischen Dezember und März blühen, und *Crocus ochroleucus*, die nie vor November blühen, sowie die herbstblühenden Schneeglöckchen *(Galanthus reginae-olgae)*, die im September blühen.

IN GRÖSSEREN GRUPPEN ODER IN MASSEN

Das gilt für Tulpen, Narzissen, Schneeglöckchen, Krokusse usw., also für eine große Gruppe von Geophyten. Hier sollten bei der Pflanzung 10–25/50 Pflanzen ein Minimum sein. Wenn sie verwildern sollen, reicht oftmals eine Initialpflanzung aus. Natürlich hängt die Menge aber auch sehr stark von der Garten- bzw. Beetgröße ab. Da muss jeder Gartenbesitzer selbst entscheiden, wie viele er pflanzen möchte.

UNTER-, MIT- UND ÜBEREINANDER

Da die einzelnen Pflanzen nur eine kurze Blütezeit haben, bietet es sich an, sie miteinander zu kombinieren. So machen Schneeglöckchen, Krokusse, Winterlinge und Alpenveilchen den Anfang. Kaum sind diese abgeblüht, führen Blaustern, Schneestolz, Lerchensporn, Anemonen, frühblühende Narzissen und Tulpen nahtlos den Blütenreigen an derselben Stelle fort. Es folgen Gartentulpen, Zierlauch, Präriekerzen und Steppenkerzen. Sie schließen die Hauptblütezeit im Frühjahr ab. Danach übernehmen die Stauden zusammen mit Dahlien, Lilien und Co. die Blüte bis in den Herbst mit den Herbst-Krokussen, Herbstzeitlosen und Alpenveilchen. Zu den Kombinationen gibt es noch mehr Informationen in den Kapiteln über die verschiedenen Lebensbereiche (siehe Der richtige Standort S. 48–49).

DIE PFLEGELEICHTE KOMBINATION IM HALBSCHATTEN: **Werden Schneeglöckchen, Alpenveilchen, Schneestolz, Anemonen, Narzissen und herbstblühende Krokusse unter Funkien und Taglilien miteinander gepflanzt, so hat man kaum Arbeit. Die Blüte beginnt im Februar und endet im November. Das gelb werdende Laub der Geophyten wird vom Austrieb der Funkien schnell überdeckt und die Funkien bilden mit ihrer Herbstfärbung nochmals einen schönen Kontrast zu den Geophyten.**

DÜNGEN & PFLEGEN

ohne geht es nicht

Geophyten müssen in einer sehr kurzen Zeitspanne für eine neue Vegetationszeit genügend Speicherstoffe einlagern oder neue Zwiebeln bilden. Dazu brauchen sie Nährstoffe und die richtige Pflege.

DIE RICHTIGE PFLEGE

Geophyten müssen möglichst lange ihr Laub behalten, um entsprechende Speicherstoffe einzulagern. Deshalb gilt als oberstes Pflegegebot, die Pflanzen erst dann abzuschneiden, wenn das Laub beginnt, gelb zu werden. Das fällt manchmal schwer und mit allen möglichen Tricks wird versucht, diesen Vorgang zu beschleunigen. Doch das fällt immer auf die Qualität der neuen Zwiebeln zurück.

Wer die Pflanzen anregen will, größere Zwiebeln zu produzieren, schneidet direkt nach der Blüte die Samenkapseln aus. Damit ist die Samenproduktion unterbunden und die ganze Kraft der Pflanze geht in die neuen Zwiebeln. Allerdings vermehren sich diese Pflanzen dann nur durch Tochterzwiebeln und nicht durch Samen. Das gilt vor allem für Tulpen, Narzissen, Hyazinthen, Kaiserkronen und ähnliche Pflanzen. Wenn die Pflanzen verwildern sollen, unterbleibt der Schnitt der Samenkapseln natürlich.

DÜNGUNG

Wenn trotz ausreichender Blattmasse die Zwiebeln immer kleiner werden, dann liegt es manchmal auch an fehlenden Nährstoffen. Hier kann im Herbst bzw. gleich nach der Schneeschmelze mit Hornspänen und organischen Düngern nachgeholfen werden. Wichtig ist, dass die Pflanzen die Nährstoffe zu Beginn der Vegetationszeit bekommen, nicht erst nach oder bei der Blüte. Da ist es oft zu spät, denn die vorhandenen Speicherstoffe reichen nur für den Austrieb und danach muss die Pflanze wie die anderen Stauden mit dem wachsen, was sie an Ort und Stelle vorfindet.

Wenn nur noch kaum blühfähige Zwiebeln gebildet werden, kann auch eine mineralische Düngergabe oder sogar eine Blattdünung dazu beitragen, dass die Zwiebeln wieder größer werden. Der Wachstumsprozess sollte in der kurzen Zeitspanne, in der er stattfindet, nicht stocken oder durch Nährstoffmangel unterbrochen werden. Längere Trockenphasen und hohe Temperaturen im Frühjahr kürzen den Prozess ebenfalls ab.

AUFNEHMEN DER ZWIEBELN

Diese Arbeit kann man sich bei richtiger Pflege weitgehend sparen. Vor allem im Bereich von Bäumen, Sträuchern und Stauden ist das Aufnehmen nicht leicht auszuführen, da die meisten Wurzeln gestört oder sogar zerstört werden. Das Aufnehmen der Zwiebeln ist nur dann sinnvoll, wenn z. B. Narzissen oder auch Schneeglöckchen ganz dichte Blatthorste bilden und kaum Blüten. Dann sind in der Erde ganz dicht aneinandergedrängt viele kleinere Zwiebeln, die kaum Platz haben. Man gräbt die Pflanzen am besten am Ende der Vegetationszeit, bevor die Blätter ganz eingezogen sind, aus, teilt sie und setzt sie wieder ein. Wer nicht alle geteilten Pflanzen aufpflanzen will, verwendet nur die größten Zwiebeln.

Werden Geophyten in Wechselflorpflanzungen oder auch als Tuffs in Beeten verwendet, so kann man sie vor der Neubepflanzung ausgraben und an einem halbschattigen Ort in Ruhe einziehen lassen, bis das ganze Laub gelb ist. Danach werden die alten Schalen und Blütenstände entfernt und nur die neuen blühfähigen Zwiebeln bis zum Herbst gelagert. Durch das frühzeitige Ausgraben fallen die neuen Zwiebeln oft kleiner aus.

[a]

↘ SO GEHT'S

[a] AUFNEHMEN Die Blätter der Tulpen sind gelb geworden und vertrocknet. Jetzt ist der Zeitpunkt gekommen, die Zwiebeln vorsichtig mit einer Grabgabel auszugraben und für die Trockenlagerung bis zum Herbst herzurichten. Dazu die Pflanzen mit genügend Abstand zur Zwiebel an allen Seiten ausgraben.

[b]

[b] ABTROCKNEN LASSEN Die ausgegrabenen Zwiebeln legt man am besten in einem Korb oder in einer offenen Kiste an einen schattigen, luftigen Platz und lässt sie noch ein paar Tage trocknen, bevor man sie säubert. Auf diese Weise wird die äußere Schale trockener und härter und die Zwiebeln werden bei der Weiterbehandlung nicht so leicht verletzt.

[c]

[c] AUSPUTZEN Der alte Blütenboden mit dem vertrockneten Stiel und die alten Schalen werden durch Abbrechen mit der Hand entfernt. Ebenso wird die restliche Erde eventuell mithilfe eines weichen Besens, aber nie mit Wasser entfernt, sodass am Ende saubere Zwiebeln übrig bleiben.

[d]

[d] LAGERN Für die Lagerung und Wiederverwendung werden nur die größten Zwiebeln aufbewahrt, da sie für das nächste Jahr wieder Blüten ansetzen. Dazu legt man sie auf Zeitungspapier in offene Kisten und beschriftet sie, damit man im Herbst die Sorten sofort wiedererkennt. Die kleineren kommen auf ein Anzuchtbeet oder auf den Kompost.

↘ SO GEHT'S

[a] AUSGRABEN Ein großer Horst Schneeglöckchen wird während der Vegetationszeit mit einer Grabgabel großzügig mit Erde ausgegraben, sodass die Wurzeln möglichst nicht beschädigt werden. Sie können auch einen Spaten verwenden, doch der richtet bei den umgebenden Pflanzen den größeren Flurschaden an.

[b] TEILEN Die lockere Erde wird vorsichtig entfernt, am einfachsten geschieht dies durch abschütteln. Den Horst dann durch Auseinanderreißen in 2 Teile teilen. Das geschieht am besten ohne alle Hilfsmittel, nur mit den Händen. Dazu braucht man etwas Kraft, doch mit Messer, Spaten und Schere werden ganz sicher Zwiebeln verletzt.

[c] ZWIEBELBÜNDEL Die Teilung wird weitergeführt, indem man die Zwiebeln voneinander trennt, bis nur noch größere Einzelzwiebeln oder kleinere Zwiebelbündel übrig bleiben. Das geht jetzt schon viel leichter, dabei fällt die locker werdende Erde immer weiter ab.

[d] GETEILTE PRACHT Übrig bleiben viele einzelne Zwiebeln, die man am besten sofort wieder einpflanzt. Die größeren, blühfähigen Zwiebeln werden einzeln, die kleineren werden zu den größeren in dasselbe Pflanzloch gesetzt, damit kommen im nächsten Frühjahr an der Stelle nicht nur Blätter.

[a]

[b]

[c]

[d]

VERMEHRUNGSARTEN

vegetativ und generativ

Wer nicht gezielt einzelne Sorten weitervermehren will, kann die Vermehrung allgemein getrost den Geophyten selbst überlassen. Sie produzieren Tochterzwiebeln und vermehren sich langfristig über Samen.

DIE GENERATIVE VERMEHRUNG

Am besten sät man die geernteten Samen direkt wieder in große Töpfe aus und stellt diese leicht in die Erde eingesenkt im lichten Schatten auf. Im Winter werden sie mit einer Laubschicht abgedeckt. Im nächsten Frühjahr keimen die Samen und bilden kleine Laubblätter aus. In den nächsten 4–7 Jahren wachsen dann langsam blühfähige Zwiebeln heran. Wenn der Topf zu klein wird, kann man die Zwiebeln nach dem Einziehen aufnehmen und in mehreren Töpfen oder in einem Anzuchtbeet aufpflanzen.

DIE VEGETATIVE VERMEHRUNG

Sie erfolgt bei den Zwiebeln natürlich über die Ausbildung von Tochterzwiebeln in der Zwiebel (z. B. Tulpe), in den Blattachseln (z. B. Lilien) oder auch in den Blütenständen (z. B. verschiedene Laucharten). Diese Tochterzwiebeln können in einem Topf und später in einem Anzuchtbeet aufgepflanzt und bis zu blühfähigen Größen weiterkultiviert werden.

Die Teilung von Zwiebeln kann bei Hyazinthen, Amaryllis, Narzissen, Iris, Zierlauch und Kaiserkronen angewandt werden. Dazu entfernt man im Juli/August von einer runden, blühfähigen Zwiebel die vertrockneten Schalen, schneidet die Spitze ab und teilt diese Zwiebel in ca. 16 Teilstücke, die alle einen Teil des Zwiebelbodens enthalten müssen. Danach werden sie vorsichtig noch weiter geteilt in Schalenpaare. Diese werden gegen Pilzbefall geschützt und danach mit einem Sand-Torf-Gemisch in einem durchsichtigen Plastikbeutel verschlossen und ca. 12 Wochen bei 20 °C gelagert. Die winzigen Zwiebeln werden dann am besten den ersten Winter im Kalthaus, danach im Freiland weitergezogen.

Eine wichtige Methode ist heute die Meristemkultur, die von Spezialfirmen im Labor durchgeführt und vor allem von Großbetrieben angewandt wird.

Dichte Horste aus Tochterzwiebeln lassen sich am Ende der Vegetationsperiode leicht durch Teilung vermehren. Bei Schneeglöckchen funktioniert es am besten während der Vegetation. Dazu werden die Pflanzen ausgegraben und die einzelnen Zwiebeln oder Knollen vorsichtig voneinander getrennt.

Teilung ist auch die beste Vermehrungsmethode für Rhizome und Knollen. Wichtig ist, dass die einzelnen Teilstücke mit Augen bzw. Triebspitzen versehen sind. Dazu werden die Knollen senkrecht in Teilstücke geschnitten.

Wurzelknollen bildende Stauden können auch über Stecklinge vermehrt werden (z. B. Dahlien). Dazu werden die Pflanzen vorkultiviert. Im Frühjahr die Stecklinge schneiden, in ein Anzuchtsubstrat stecken und unter Folie stellen, bis sie bewurzelt sind. Danach werden sie im Garten ausgepflanzt und bilden bereits im ersten Jahr wieder Knollen.

WAS LANGE WÄHRT ... Die Vermehrung von Zwiebeln ist nie eine schnelle Lösung. Egal, ob vegetativ oder generativ vermehrt wird, es dauert immer 2–7 Jahre, bis sie wieder zu blühfähigen Größen herangewachsen sind. Es sollte jedem klar sein, dass über Jahre hinweg Töpfe im Garten herumstehen, die gepflegt werden müssen, in denen im Sommer aber nichts zu sehen ist. Am besten werden sie deshalb unter laubabwerfenden Sträuchern im Halbschatten aufbewahrt.

[a]

[b]

[c]

[d]

SO GEHT'S

[a] FÜR DAS VORTREIBEN Suchen Sie sich Töpfe in verschiedenen Größen aus. Je nach Größe der Zwiebeln setzt man die Tulpen und Narzissen in größere, Krokusse, Traubenhyazinthen und ähnliche in kleinere Töpfe.

[b] DRAINAGE Die Zwiebeln werden mit einer dünnen Drainageschicht unten im Topf in ein durchlässiges Substrat eingepflanzt (siehe auch S. 63), am besten mit Etiketten versehen und nach dem Angießen im Garten in einer alten Kiste aufgestellt.

[c] GUT ZUGEDECKT Die Töpfe werden mit der Kiste eingegraben – etwas tiefer als die Töpfe hoch sind. Dann kommt eine ca. 5 cm dicke Lage Sand darüber. Im Spätherbst kann man diese Grube zusätzlich mit Laub und Zweigen schützen. Dort bleiben die Töpfe mindestens 12 Wochen.

[d] ES SPRIESST Die ersten Triebe spitzen aus der Sand- und Laubschicht heraus und werden nun wieder ausgegraben. Die Töpfe ins Haus holen und an einen warmen, hellen Platz stellen. Nach 3–5 Wochen kommen die Zwiebeln zur Blüte.

ZWIEBELN VORTREIBEN

Den Frühling ins Haus holen

Kaum ist die Weihnachtsdekoration weggeräumt, fängt man an, die Wohnung neu zu dekorieren. Wenn die Amaryllis verblüht ist, halten Krokusse, Narzissen, Traubenhyazinthen und Tulpen Einzug.

DAS PFLANZEN

Wer Zwiebeln vortreiben will, muss sich bereits im Herbst entscheiden. Sie werden am besten im September mit einem durchlässigen Substrat in Töpfe gepflanzt. Diese werden im Freien im Halbschatten aufgestellt oder in der Erde eingegraben und mit einer Sandschicht überdeckt. Ende November werden sie zusätzlich mit einer Laubschicht abgedeckt und mit Zweigen beschwert. So bleiben sie bis ca. 4 oder 5 Wochen vor dem gewünschten Blühtermin stehen.

DAS VORTREIBEN

Damit der Vorgang funktioniert, müssen die Pflanzen eine Kälteperiode von mindestens 12 Wochen durchlaufen haben, deshalb sollten die Zwiebeln auch möglichst früh getopft werden. Je nach Art und Sorte brauchen sie dann Wärme und Licht, damit sie zum Blühen kommen. Die Töpfe werden dazu ins Haus geholt und auf der Fensterbank, im Wintergarten oder im beheizten Gewächshaus aufgestellt. Nach ca. 3–5 Wochen fangen sie dann an zu blühen. Ab dem Zeitpunkt stellt man sie etwas kühler, damit sie länger blühen. Manche Pflanzen, vor allem Tulpen und Traubenhyazinthen, verlieren durch das Vortreiben ihre intensive Blütenfarbe.
Es gibt für die Treiberei mit Wärme- und Kältephasen vorbehandelte Hyazinthen, damit sie sicher zum Blühen kommen. Diese Zwiebeln werden auf Gläser gesetzt, die bis 3–4 cm unter der Zwiebel mit Wasser gefüllt sind. Nach ein paar Tagen fängt die Zwiebel an, Wurzeln zu bilden. Die Zwiebel selbst wird mit einem Hut aus dickem Papier dunkel gehalten, bis die Triebspitze herausgewachsen ist. Dann wird der Hut entfernt und die Pflanze kann ihre Blätter und Blüten entfalten.
In den Gärtnereien werden die Zwiebeln ebenfalls im Herbst getopft, dann aber in Kühlhäusern gelagert und satzweise in den Gewächshäusern aufgestellt, damit sie nacheinander zum Blühen kommen.

VORTREIBEN

PFLANZENNAME	VITA	VORTREIBEN	VERWENDUNG
Krokus *Crocus*	□■■ ↥10 ✿ II-III ○ 💧	bei ca. 10-15 °C	in Schalen, Balkon, nicht im warmen Zimmer
Schneeglöckchen *Galanthus*	□ ↥15 ✿ I-III ◑ 💧	bei ca. 10-15 °C	in Schalen, Balkon, nicht im warmen Zimmer
Hyazinthe *Hyacinthus*	□■■■■■■ ↥45 ✿ III-IV ○ 💧	bei ca. 15-20 °C	in Schalen, Balkon, im Zimmer, Wasserkultur möglich
Schwertlilie *Iris*	□■■ ↥10 ✿ III ○ 💧	bei ca. 10-15 °C	in Schalen, Balkon, nicht im warmen Zimmer
Traubenhyazinthe *Muscari*	□■ ↥20 ✿ IV ○-◑ 💧	bei ca. 10-15 °C	in Schalen, Balkon, im Zimmer
Narzisse, Osterglocke *Narcissus*	□■ ↥20-60 ✿ II-V ◑ 💧	bei ca. 10-15 °C	in Schalen, Balkon, im Zimmer
Blaustern *Scilla*	■ ↥15 ✿ III ◑ 💧	bei ca. 10-15 °C	in Schalen, Balkon, nicht im warmen Zimmer
Tulpe *Tulipa*	□■■■■■ ↥20-60 ✿ III-V ○ 💧	bei ca. 15-20 °C	in Schalen, Balkon, im Zimmer

BLUMENZWIEBELN LAGERN

trocken und geschützt

Bei der Vielfalt an Geophyten sind auch die Lagerbedingungen vielfältig. Im Großhandel stehen dazu verschiedene Klimakammern zur Verfügung. Da diese Möglichkeit im Hausgarten leider fehlt, hier ein paar Tipps und Tricks.

LAGERUNG

PFLANZENNAME	LAGERUNG BEI TEMPERATUREN VON BIS °C	ZUSÄTZLICHE BEDINGUNGEN	LAGERZEIT
Blumenrohr *Canna*	12–8 °C	luftig, gegen Austrocknen schützen	Winter
Hakenlilie *Crinum*	15–9 °C	trocken, luftig	Winter
Montbretie *Crocosmia*	5–2 °C	vor Austrocknen schützen	Winter
Krokus *Crocus*	23–17 °C	trocken, luftig	Sommer
Dahlie *Dahlia*	9–7 °C	ganze Pflanze einwintern, luftig, kein Zug	Winter
Sommerhyazinthe *Galtonia*	20–13 °C	trocken, luftig	Winter
Gladiolen *Gladiolus*	17–5 °C	trocken, luftig	Winter
Narzisse, Osterglocke *Narcissus*	20–17 °C	trocken, luftig	Sommer
Sauerklee *Oxalis*	5–3 °C	trocken, luftig	Winter
Tulpe *Tulipa*	23–17 °C	trocken, luftig	Sommer
Kalla *Zantedeschia*	13–9 °C	trocken, luftig	Winter

VORAUSSETZUNGEN FÜR DIE LAGERUNG

Grundsätzlich sollten die Zwiebeln nach dem Ausgraben sauber sein, d. h., altes Laub, alte Blütenstiele und Schalen sind zu entfernen. Auch die Erde sollte weitgehend entfernt werden, damit die Zwiebeln gut abtrocknen können. Sehr kleine Zwiebeln sollten Sie am besten wegwerfen, da sie schnell austrocknen und im nächsten Jahr keine Blüte hervorbringen werden. Beschädigte Zwiebeln ebenfalls entsorgen, da hier die Gefahr besteht, dass sich Schimmelpilze ansiedeln, die schnell auf die anderen Zwiebeln übergreifen.

FRÜHJAHRSZWIEBELN

Tulpen, Narzissen, Hyazinthen u. Ä., die aus Beeten, Balkonkästen und Wechselflorflächen ausgegraben werden, lagert man am besten an einem schattigen, kühlen, aber luftigen Platz, bis die Blätter komplett gelb geworden sind. Dann werden die Zwiebeln geputzt und in Kisten oder auf Zeitungspapier in trockenen, luftigen Räumen bis zur Pflanzzeit gelagert. Die Zwiebeln nicht aufeinanderschichten, sondern mit Abstand nebeneinander aufbewahren und regelmäßig auf Schimmel und Schädlinge wie Läuse achten. Schädlingsbefallene Zwiebeln sofort entfernen und entsorgen – nicht auf dem Kompost! Bei der Lagerung sollten die Zwiebeln keinen zu großen Temperaturschwankungen unterworfen werden und nie dem direkten Sonnenlicht ausgesetzt sein.

NICHT WINTERHARTE SOMMER-ZWIEBELN

Bei nicht winterharten Zwiebelpflanzen wie Gladiolen, Dahlien, Blumenrohr und Knollen-Begonien werden nach dem ersten Frost die oberirdischen Pflanzenteile abgeschnitten. Dann die Pflanzen mit einer Grabgabel aus dem Boden nehmen. Danach lässt man sie am besten in der Garage oder in einem Schuppen abtrocknen. Anschließend werden sie aussortiert. Weiche, faulige, beschädigte und abgestorbene Teile werden entfernt und kleine Teile weggeworfen. Dann werden die Pflanzen in mit Zeitungspapier ausgelegte Kisten gepackt und eventuell leicht in Torf oder Sand eingeschlagen und frostfrei bei 5–10 °C überwintert. Gleichmäßige Temperaturen, viel Luft, aber keine Zugluft und kein direktes Sonnenlicht sind für die Lagerung wichtig. Nach den Eisheiligen Mitte Mai können sie wieder eingepflanzt werden. Wer will, kann vor allem Dahlien, Blumenrohr und Knollen-Begonien ab Februar in Töpfe pflanzen und an einem hellen Ort vortreiben. So beginnt in den Beeten die Blütezeit früher.

Pflanzen, die in Kübeln gezogen werden, wie Schmucklilien, Schopflilien, Blumenrohr, Sauerklee und Hakenlilien (siehe Bild) kann man auch in den Pflanzgefäßen überwintern. Dazu holt man die Pflanzen vor dem Frost in die Garage oder einen Schuppen und hält sie trocken, bis die Blätter gelb werden, und schneidet diese dann ab. Während der Frostperiode werden die Töpfe an einem dunklen Ort bei gleichmäßigen Temperaturen über null aufbewahrt. Ab Februar/März kann man die Pflanzen an einem hellen Ort vortreiben, sodass sie ab den Eisheiligen mit dem Neuaustrieb wieder ins Freiland können. Wenn die Pflanzen für die Töpfe zu groß werden, können sie geteilt und neu getopft werden.

Neu gekaufte Zwiebeln sollte man nicht lagern, sondern so schnell wie möglich einpflanzen.

[1.]

SCHÄDLINGE

und Pilzkrankheiten

Je besser die Lager- und Kulturbedingungen desto weniger Angriffsfläche haben Schadorganismen. Ihr Auftreten ist sonst ärgerlich und lästig.

[2.]

[3.]

GRAU- & ZWIEBELFÄULE [1.]

Botrytis ssp. und *Fusarium* ssp.

Vorkommen: auf Blättern, in Blüten und Zwiebeln oder Knollen fast aller Geophyten

Symptome: *Graufäule:* geschwächter, verkümmerter Neuaustrieb, auf dem sich graubraune Flecken mit einem gräulichen Pilzbelag bilden, der vor allem bei kühler feuchter Witterung schnell um sich greift und andere Pflanzen befällt – das 'Tulpenfeuer'. Auf den Zwiebeln sind scharf abgegrenzte, braune, eingesunkene Flecken zu sehen. *Zwiebelfäule:* Pflanzen verwelken komplett mit Blattverfärbungen, vertrockneten Blüten und absterbenden Wurzeln. Auf den Zwiebeln sind dunkelbraune Flecken mit einem rosafarbenen Pilzbelag, der zu schwarzen Mumien führt.

Bekämpfen: befallene Pflanzen mit allen Teilen vernichten; optimale Kultur- und Lagerbedingungen schaffen; Nachpflanzen erst nach einer längeren (4–5 jährigen) Anbaupause; keine chemischen Bekämpfungsmittel zulässig

BLATTLÄUSE [2.]

Aphidoidea ssp.

Vorkommen: Zwiebeln, Blätter, Triebe und Blüten von allen Pflanzen

Symptome: An den Trieben und Blüten befinden sich große Kolonien mit meist grün oder bräunlich schwarz gefärbten, ovalen Tieren; an den Zwiebeln sind sie oft weißlich gefärbt. Sie stechen mit ihrem Rüssel die Pflanzen an und saugen Pflanzensäfte heraus. Es entstehen gelbliche Flecken auf den Blättern. Auf dem ausgeschiedenen Honigtau siedeln sich gerne Rußpilze an. Die Tiere sind gefürchtet, weil sie gerne Viren übertragen.

Bekämpfen: ablesen oder abwaschen; chemische Bekämpfung mit zugelassenen Mitteln gegen beißende und saugende Insekten kann zulasten der Bienen und Nützlinge gehen, dazu zählen vor allem Marienkäfer mit ihren Larven und Florfliegen, ebenso manche Vögel

VIRUSERKRANKUNGEN [3.]

Mosaikviren u. a.

Vorkommen: bei Blättern, Blüten und in Zwiebeln, vor allem bei Tulpen, Narzissen und anderen Gartenpflanzen

Symptome: Je nach Virus werden z. B. die Blüten von Tulpen befallen und spalten diese in verschiedene Farben auf. Diese sind als Rembrandttulpen bekannt und spielten während der Tulpenmanie eine wichtige Rolle. An Blättern und Stielen treten braune, trockene Flecken oder eine Art Panaschierung auf. Auf den Zwiebeln bilden sich eingesunkene Ringe oder

braune Flecken. Auch ein gestauchter Wuchs oder Verformungen (Papageien-Tulpen) können auftreten.
Bekämpfen: befallene Pflanzen entfernen und vernichten, damit sie nicht durch Älchen im Boden oder Blattläuse auf andere Gartenpflanzen und Nutzpflanzen übertragen werden; eine Bekämpfung ist nicht möglich

LILIENHÄHNCHEN [4.]

Lilioceris lilii

Vorkommen: auf den Blättern und Stielen von Lilien, Narzissen, Kaiserkronen, Salomonsiegel und Maiglöckchen
Symptome: Fraßschäden bis Totalschaden durch Käfer und Raupen, was keine oder kaum Blüten und immer kleinere Zwiebeln zur Folge hat. Die Käfer sind 6–8 mm groß mit roten Flügeln und einem roten Halsschild. Der Kopf mit den Antennen, der Körper und die Beine sind schwarz. Die Käfer überwintern in der Erde und werden ab Mitte April aktiv. Die Larven sind erst gelblich, dann rot und fressen an der Blattunterseite. 2–3 Generationen im Jahr sind möglich.
Bekämpfen: Pflanzen auf Befall kontrollieren, die Käfer und Raupen von Hand absammeln und vernichten; eine chemische Bekämpfung ist mit zugelassenen Schädlingsbekämpfungsmitteln gegen beißende und saugende Insekten möglich

FRASSSCHÄDEN [5.]

Mäuse, Wühlmäuse, Schnecken

Vorkommen: Zwiebeln und Knollen oder Blätter und Blüten vor allem von Tulpen, Krokussen, Narzissen und Dahlien
Symptome: Wenn die Pflanzen überhaupt nicht austreiben bzw. nur noch die Wurzeln und Triebe erhalten sind, sind Mäuse und Wühlmäuse am Werk, die sich über die Stärkekörper hermachen. Einzige Ausnahme sind die Vertreter der Amaryllisgewächse mit ihren toxischen Inhaltsstoffen. Werden Blätter und Blüten angefressen, sind meistens die Schnecken am Werk, die Inhaltsstoffe sind ihnen gleichgültig.
Bekämpfen: Maßnahmen sind schwierig; Tulpen und Krokusse schützt man vor Wühlmäusen am besten, indem man sie in engmaschige Drahtkörbe oder im Wurzelfilz von Laubgehölzen pflanzt oder den Tieren genügend andere Leckerbissen anbietet; bei Schnecken helfen am besten natürlichen Feinde wie Laufenten oder auch Schneckenkorn

PAPIERBLÜTIGKEIT [6.]

Kulturfehler

Vorkommen: bei Krokussen, Tulpen und Narzissen
Symptome: Die Blüten wachsen aus der Zwiebel heraus, sind aber meist verkümmert, bleich, papierartig vertrocknet und innen braun. Sie entfalten sich nicht. Blätter und Wurzeln sind normal ausgeprägt. Dies ist keine Krankheit, die durch Schädlinge hervorgerufen wird, sondern durch Kulturfehler. Ein Faktor kann ein zu hoher Anteil an Stickstoff im Boden sein und zu viel Nässe oder Trockenheit, sodass die Zwiebeln im Sommer nicht entsprechend ausreifen. Die häufigste Ursache ist eine falsche Lagerung der Zwiebeln.
Bekämpfen: Zwiebeln im Herbst möglichst bald nach dem Kauf in den Boden setzen, denn eine zu lange Lagerung ist ebenfalls schädlich; die Zwiebeln sollten nie im geheizten Wohnbereich gelagert werden

[4.]

[5.]

[6.]

BEETE GESTALTEN

an allen Standorten

Geophyten können die unterschiedlichsten Gartenecken bereichern. Mit der Vielzahl von Arten und Sorten hat man gute Auswahlmöglichkeiten für jeden Standort, sodass man für die Pflanzen optimale Bedingungen schaffen kann, damit sie langfristig gedeihen und Freude bereiten.

DER RICHTIGE STANDORT

über die Lebensbereiche

Wer einen pflegeleichten Garten möchte, der sollte seine Pflanzen nach folgenden Lebensbereichen auswählen. Sie beruhen auf den Standortfaktoren, denen sich die Pflanzen am Naturstandort angepasst haben.

DER GEHÖLZBEREICH

Der Gehölzbereich kann in drei Abschnitte unterteilt werden, die alle den Konkurrenzkampf mit den Gehölzen und dem herabfallenden Laub bzw. den Nadeln gemeinsam haben. Während im direkten Gehölzbereich der Kampf um Licht und Wasser im Sommer extrem wird, ist dies in den Randbereichen weniger der Fall. Vor allem am sonnigen Gehölzrand ist der Kampf um das Licht beendet. Diese Bedingungen sind für alle Stauden, die sich nicht angepasst haben, tödlich bzw. erfordern einen sehr hohen Pflegeaufwand. Die Geophyten haben sich an diese Lebensbereiche sehr gut angepasst, denn während ihrer kurzen Vegetationszeit im Frühjahr und Herbst finden sie dort genügend Licht, Wasser und Nährstoffe und im Sommer haben sie ihre Ruhe. Beispiele dafür gibt es zur Genüge: Schneeglöckchen, Märzbecher, Bärlauch, Lerchensporn und Buschwindröschen. Sie alle fühlen sich in diesem Bereich wohl und sind häufig in der Natur anzutreffen. Im Garten ergänzen wir diesen Lebensbereich mit Vertretern aus anderen Regionen der Welt, wo sie unter ähnlichen Bedingungen vorkommen. Damit gibt es eine Fülle an Pflanzen, mit denen diese Gartenbereiche aufgewertet werden können. Sehr oft gibt es Hecken oder blühende Ziersträucher, die man optimal mit den Geophyten unterpflanzen kann. Damit lassen sich richtige Blütenhöhepunkte schaffen – z. B. Forsythien unterpflanzt mit Winterlingen und Blauglöckchen.

BEET – FREIFLÄCHE – HEIDE – STEPPEN

Freiflächen und Steppen sind die anderen weitverbreiteten Heimatgebiete von Geophyten. Hier ist es vor allem der Wassermangel im Sommer, dem sich die Pflanzen angepasst haben. Das bedeutet für die Verwendung im Garten, dass wir sie auch hier unter solchen Bedingungen ansiedeln müssen. Das funktioniert in Rabatten, die aus Stauden zusammengesetzt sind, die auch mit wenig Wasser im Sommer auskommen. Die anderen Stauden, die mehr Wasser benötigen, sorgen auch für genügend Trockenheit in der Ruhephase, wenn sie nicht zu stark gegossen werden. Tulpen, Jonquillen-Narzissen, Laucharten, Präriekerzen, Steppenkerzen, Krokusse und Windröschen sind optimale Begleiter in diesen Lebensbereichen, denn sie verlängern die Blütezeit vor allem im Frühjahr und Frühsommer, bis die Stauden das Blühen übernehmen.
Das Beet bildet eine Ausnahme, ist es doch mehr für die intensive Nutzung angelegt. Das bedeutet, dass hier Pflanzen für den Schnitt oder die Küche angebaut werden. Damit geht auch ein häufiges Arbeiten einher. Deshalb passen in den Bereich vor allem die sommerblühenden, nicht winterharten Geophyten. Doch auch alte Kulturpflanzen wie Kaiserkrone, Madonnenlilie und Traubenhyazinthen finden hier zwischen Pfingstrosen, Schwertlilien und anderen Bauerngartenstauden ein gutes Dasein.

DIE STEINIGEN BEREICHE

Steingarten und Alpinum sind für viele Zwergformen und kleinere Geophyten der ideale Platz im Garten. Oft kommen diese Pflanzen in der Natur in Felsregionen oder Geröllhalden vor. Dort haben sie nur in einer kurzen Zeit nach der Schneeschmelze gute Wachstumsbedingungen. Viele dieser Pflanzen benötigen spezielle Bedingungen.

ZWIEBELN IM BEET

prächtig und farbenfroh

Frühblühende und hochwachsende Vertreter, die sich nicht zu stark vermehren und verbreiten, eignen sich neben den Tulpen am besten zwischen den Stauden.

BALKAN-KROKUS [1.]

Crocus chrysanthus

Wuchs: flach kugelige Knolle mit membranartiger Umhüllung
Blüte: Februar–März; in vielen Farben, gelb, orangegelb, weiß, violett mit Zeichnungen je nach Sorte
Blätter: 3–7 Stück, meist graugrün, erscheinen mit den Blüten
Herkunft: SO-Europa, Kleinasien
Standort: sonnig; auf allen Gartenböden
Bemerkungen: es gibt von diesem Krokus eine Fülle an Sorten, die alle problemlos im Garten gedeihen, sich allerdings nicht für das Verwildern in Rasen eignen, dafür aber im Beet, in Freiflächen und im Steingarten; verbreitet sich durch Brutknollen und kann sich auch versamen, fällt dann aber nicht sortenrein, sondern es entstehen durchaus neue Farbkombinationen
Begleitpflanzen: Zwerg-Schwertlilien, Windröschen, Wild-Tulpen, Zwerg-Narzissen, Polsterstauden, spätblühende Stauden, Gräser

BLAUSTERN [2.]

Scilla mischtschenkoana

Wuchs: Zwiebel mit pergamentartiger heller graubrauner Hülle
Blüte: Februar–Mai; weißlich blau mit dunklerer Mittelrippe, in einer ca. 20 cm langen lockeren Traube mit 2–6 Blüten
Blätter: linealisch, bis 10 cm lang, dunkelgrün
Herkunft: NW-Iran, Kaukasus
Standort: sonnig–halbschattig; auf allen Gartenböden
Bemerkungen: da sich die Pflanze nicht stark verbreitet, lässt sie sich vielseitig verwenden; sieht der Puschkinie sehr ähnlich, man kann sie an Hand der frei stehenden blauen Staubfäden in der Blüte unterscheiden
Begleitpflanzen: Zwerg-Schwertlilien, Wild-Tulpen, Narzissen, Anemonen, Krokusse, Winterlinge, Polsterstauden, Primeln, Stauden, Gräser, laubabwerfende Gehölze, besonders schön zum winterblühenden Schneeball *(Viburnum × bodnantense)*

KAISERKRONE [3.]

Fritillaria imperialis

Wuchs: große, runde Zwiebel ohne Hülle, sehr druckempfindlich, weißlich, unangenehm riechend
Blüte: April; ca. 6 hängende, glockenförmige Blüten an kurzen Stielen, aus dem Blattschopf am Stielende herauswachsend, ca. 1 m hoch
Blätter: wechsel- oder quirlständig am kräftigen Stiel, glänzend grün, lanzettlich
Herkunft: SO-Türkei, Iran, Afghanistan, Kaschmir bis Pakistan
Standort: sonnig; nährstoffreiche Böden
Bemerkungen: sehr alte Kulturpflan-

ze, die sich häufig in den Bauerngärten wiederfand; braucht zum guten Gedeihen viele Nährstoffe; wer die Möglichkeit hat, sollte sie mit Mistgaben im Herbst düngen; viele Sorten, auch gelb blühende
Begleitpflanzen: Tulpen, Narzissen, Lilien, Stauden, Gräser

MADONNENLILIE [4.]

Lilium candidum
Wuchs: breit ovale Zwiebel ohne Hülle
Blüte: Juni; Blütenstand traubig mit etwa 8 trichter- bis schalenförmigen Blüten, weiß; ca. 1,5 m hoch
Blätter: breite lanzettliche Grundblätter erscheinen bereits im Herbst, Stielblätter lanzettlich, werden nach oben kürzer, erscheinen erst im Frühjahr
Herkunft: SO-Europa, Griechenland, SW-Türkei, Syrien, Libanon, Israel
Standort: sonnig-halbschattig; auf schweren, nährstoffreichen, lehmigen Böden
Bemerkungen: nicht zu tief pflanzen; im ersten Jahr die Blätter im Herbst abdecken; alte Kulturpflanze, die schon Karl der Große in seiner Verordnung für die Pfalzen vorgeschrieben hat und die danach in den Bauerngärten kultiviert wurde
Begleitpflanzen: Beetstauden wie Pfingstrosen, Rittersporn, Lein, Türkischer Mohn, Schwertlilien, Gräser

PRÄRIELILIE [5.]

Camassia cusickii
Wuchs: Zwiebeln eiförmig bis fast rund, riechen unangenehm
Blüte: Mai–Juni; traubenförmiger Blütenstand mit vielen hellblauen, sternförmigen Einzelblüten
Blätter: 8 bis 20 in dichten Büscheln, wellenförmig, oben blaugrün, Unterseite heller; ziehen erst sehr spät ein
Herkunft: NO-Oregon
Standort: vollsonnig; auf nährstoffreichen, nicht zu trockenen Gartenböden
Bemerkungen: die Vermehrung erfolgt vorwiegend über Samen, weniger über Brutzwiebeln; bilden mit der Zeit dichte Horste; die Sorte 'Zwanenburg' ist dunkler und niedriger
Begleitpflanzen: Krokus, Lilienblütige Tulpen, Jonquillen-Narzissen, spätblühende Stauden wie Sonnenhut, Sonnenblume, Herbstastern und Gräser wie Chinaschilf und Rutenhirse

ARMENISCHE TRAUBENHYAZINTHE [6.]

Muscari armeniacum
Wuchs: rundliche Zwiebel mit dünner Hülle, druckempfindlich, an Schadstellen oft Schimmelpilze
Blüte: April–Mai; der Blütenstand ist eine Traube mit dicht angeordneten, länglich urnenförmigen, leuchtend blauen Einzelblüten, zur Spitze hin heller oder kleiner weißer Rand, wenige sterile, kleinere, hellere Blüten am Ende der Traube, ca. 20 cm hoch
Blätter: 3–7, länglich, rosettenförmig angeordnet, gräulich grün, treiben teilweise schon im Herbst aus
Herkunft: SO-Europa bis Kaukasus
Standort: sonnig–halbschattig; auf durchlässigen, nährstoffreichen Böden
Bemerkungen: bildet eine Vielzahl an Brutzwiebeln aus und damit sehr dichte Horste; alte Bauerngartenpflanze, viele Sorten von Weiß bis Dunkelblau und unterschiedlich ausgeprägten sterilen Blüten; in der Treiberei verlieren die Blüten gerne den intensiven Farbton
Begleitpflanzen: Tulpen, Narzissen, Frühlingsstern, Stauden, Gräser

[4.]

[5.]

[6.]

[a]

[b]

SO GEHT'S

[a] BUNTE MISCHUNG Feinblättrige Pfingstrosen, stängelloser Enzian, Goldstern und Edelweiß übernehmen nahtlos die Blüte nach den Zwerg-Tulpen *(Tulipa humilis)* und verblühten Krokussen. Eine Gartenecke mit besonderen Schätzen.

[b] STERN-TULPEN Diese aus Kasachstan stammende gelb-weiße Wild-Tulpe *(Tulipa tarda)* versamt sich reichlich zwischen Schwertlilien und Küchenschellen und wirkt besonders schön mit ihren weit geöffneten sternförmigen Blüten, wenn die Sonne scheint, sonst bleiben die Blüten geschlossen.

[c] AUSDAUERND Wild-Tulpen *(Tulipa biflora)* in Kombination mit Traubenhyazinthen und frühblühenden Zwerggräsern wie der Bergsegge geben eine sehr dezente naturnahe Pflanzung ab. Sie können noch mit frühblühenden Zwerg-Iris ergänzt werden.

[d] AM BEETRAND Steinkraut wächst über den Rand der Mauer und wird im Beet begleitet von Rosen und verschiedenen Tulpen (*T. fosteriana* 'Orange Emperor') und Wild-Tulpen, die später blühen. Dazu passen zusätzlich die Blaukissen oder Polsterphlox in Weiß.

[c]

[d]

DER STEINGARTEN

Ideal für Geophyten-Zwerge

Zwischen den Steinen gibt es immer kleine Gartenräume, die vor allem besonderen Blütenformen und Zwergen unter den Tulpen und Narzissen die Möglichkeit geben, optimal zur Geltung zu kommen.

ZWERGFORMEN

Die Gruppe der Botanischen Tulpen, d. h. *Tulipa kaufmanniana*, *T. greigii* und *T. fosteriana*, mit ihren Sorten passen alle zu Polsterstauden mit kräftigen Farben. Dazu kommen noch die Zwergformen der Narzissen wie die bekannte 'Tête-à-tête', die Engelstränen-Narzisse 'Hawera' oder die Zwerg-Jonquillen-Narzisse 'Baby Moon' und viele andere mehr. Sie bilden zusammen einen Höhepunkt in diesem Lebensbereich.

BESONDERE EINZELBLÜTEN

Zu diesen Pflanzen gehören die Zwiebel-Iris mit ihren wunderschönen Zeichnungen auf den Blüten. Das gilt genauso für die große Sortenvielfalt unter den kleinen Krokussen, die vielfach sehr filigrane Färbungen auf den äußeren Blütenblättern aufweisen und daher in kleinen Gruppen gepflanzt werden sollten, damit sie zur Geltung kommen. Winzige Einzelblüten wie bei Wiesenhyazinthen passen in diesen Bereich genauso wie die größeren Blüten der Frühlingslichtblume und frühjahrsblühenden Zeitlosen. Zu guter Letzt zählt dazu noch die große Gruppe der Wild-Tulpen, die in einem eigenen Kapitel vorgestellt werden.

WILDFORMEN MIT BESONDEREN ANSPRÜCHEN

Eine weitere wichtige Gruppe sind die Schachbrettblumen, die Fritillarien mit ihren ganz spezifischen Bodenansprüchen und sehr aparten Blütenformen und Farben. Dazu gehören die Wildformen der Narzissen wie die Engelstränen-Narzisse, die Reifrock-Narzissen und Jonquillen-Narzissen. Auch aus der großen Gruppe der Zierlauche gibt es Vertreter, die hier dazugehören, wie z. B. der Igelkolben-Lauch *(Allium schubertii)*. In halbschattigen Bereichen sind die Alpenveilchen, Windröschen und der Hundszahn nicht wegzudenken.

Der Gartenliebhaber wird immer wieder neue Pflanzen entdecken, die in diesen Bereich passen oder in ein Alpinum, das meist eine wahre Schatzkiste an Raritäten ist.

AUSWAHL FÜR DEN STEINGARTEN

PFLANZENNAME	VITA	BODEN	BEMERKUNGEN
Gold-Lauch *Allium moly* 'Jeannine'	↥20 ✿V-VI ■(gelb) ○	durchlässig	kann sich versamen
Herbst-Krokus *Crocus serotinus* ssp. *clusii*	↥10 ✿X ■(blau) ○	durchlässig	sehr schöne Blüte, die Blätter erscheinen erst im Frühjahr
Kaiserkrone *Fritillaria pallidiflora*	↥45 ✿IV □ ◑	lehmig-humos	tief pflanzen und möglichst nicht stören
Zwerg-Iris *Iris danfordiae*	↥15 ✿III ■(gelb) ○	steinig, karg, sehr durchlässig	hält oft nicht lange in den Gärten aus, außer an sehr warmen Plätzen
Trompeten-Narzisse *Narcissus pseudonarcissus* ssp. *lobularis*	↥40 ✿III-IV □■(gelb) ○	lehmig-humos	eine der frühesten Osterglocken
Leinblättrige Tulpe *Tulipa linifolia* 'Batalinnii'	↥20 ✿IV-V □ ○	durchlässig	gut ausdauernd, einige Sorten mit orangen Farbnuancen
Zwerg-Tulpe *Tulipa schrenkii*	↥10 ✿IV-V ■(rot) Rand■(gelb) ○	durchlässig	sehr lange in Kultur, Ausgangsform vieler Züchtungen
Wild-Tulpe *Tulipa turkestanica*	↥20 ✿III □ ○	durchlässig	kleine Blüten, 2–3 am Stängel, frühblühend

IM STEINGARTEN

klein aber fein

Mit ihrer Blüte vor den Steingartenstauden bereiten sie deren farbenprächtigen Auftritt vor oder verstärken ihn noch in einer guten Partnerschaft.

KLEINE NETZBLATTIRIS [1.]

Iris reticulata

Wuchs: Zwiebel mit netzartiger Hülle, keulenförmig, spitz zulaufend, hellgrau-weißlich
Blüte: Februar–März; meist zweifarbig, äußere 3 Blütenblätter oft dunkler und mit schöner Zeichnung, bogenförmig, innere 3 Blütenblätter heller, aufrecht stehend, verkehrt lanzettlich, einfarbig
Blätter: 2 Stück, vierkantig, zur Blüte noch ganz kurz, dann bis ca. 30 cm Länge hoch wachsend
Herkunft: Türkei, Iran, Irak, Kaukasus
Standort: sonnig; durchlässige Gartenböden
Bemerkungen: die Wildform ist nicht sehr langlebig in den Gärten; die besten Sorten sind 'Harmony' (mittelblau) und 'George' (violett), die anderen Sorten sind empfindlicher, da sie häufig aus Kreuzungen mit *Iris bakeriana* stammen; sie gedeihen besser im Weinbauklima als in anderen Regionen
Begleitpflanzen: Polsterstauden, Wild-Tulpen, Zwerg-Narzissen, polsterförmige Gräser, vor allem Schwingel

KEGELBLUME, PUSCHKINIE [2.]

Puschkinia scilloides var. *libanotica*

Wuchs: Zwiebel, rundlich
Blüte: März–April; weiß, glockenförmig, mit blauem Mittelstreifen, zusammengewachsene Staubfäden, in lockerer Traube, ca. 20 cm hoch
Blätter: meist 2, länglich, riemenförmig, dunkelgrün
Herkunft: Kaukasus über Türkei, Irak, Iran bis zum Libanon
Standort: sonnig–halbschattig; alle Gartenböden
Bemerkungen: verbreitet sich mäßig mit Brutzwiebeln und kaum aus Samen, sieht dem Blaustern *(Scilla mischtschenkoana)* und dem Schneestolz *(Chionodoxa forbesii)* sehr ähnlich; im Handel ist auch eine reinweiße Sorte 'Alba', die im Wuchs etwas gedrungener ist
Begleitpflanzen: Polsterstauden, laubabwerfende Gehölze wie Japanischer Fächerahorn, andere Zwiebelgewächse wie Wild-Tulpen, Zwerg-Narzissen, Anemonen, Krokusse

BREITBLÄTTRIGE TRAUBEN-HYAZINTHE [3.]

Muscari latifolium

Wuchs: Zwiebel, rundlich, weißlich, ohne Hülle
Blüte: April–Mai; der Blütenstand ist eine spitz zulaufende Traube, mit schwarzblauen, länglichen, krugförmigen, fertilen Blüten, an der Spitze leuchtend blaue, sterile, geschlossene Blüten, Blüten zunächst dicht, dann lockerer angeordnet, bis ca. 40 cm Höhe

Blätter: meist nur ein breites, aufrecht stehendes, verkehrt eiförmiges, blaugrünes Blatt, voll ausgebildet während der Blüte, reicht etwa bis an den Blütenstand
Herkunft: SW-Türkei
Standort: sonnig–halbschattig; durchlässige Böden
Bemerkungen: breitet sich aus, wird aber nicht lästig
Begleitpflanzen: Polsterstauden, eignet sich besonders gut zwischen Schwertlilien *(Iris barbata)*, Wild-Tulpen, Zwerg-Narzissen, Krokussen, Anemonen und unter laubabwerfenden Gehölzen

WILD-TULPE [4.]

Tulipa sprengeri

Wuchs: Zwiebel mit dichter, dunkelbrauner Schale
Blüte: Ende Mai–Juni; leuchtend scharlachrot, ca. 40 cm hoch, Knospe aufrecht
Blätter: 5–6, leuchtend grün, mit glänzender Oberfläche, schmal lanzettlich
Herkunft: N-Türkei
Standort: sonnig–halbschattig; kühler, durchlässiger, beschatteter Boden
Bemerkungen: es ist die späteste Tulpe, die blüht, wenn man keine Tulpen mehr erwartet; sie kommt auch in kälteren Gegenden vor, gedeiht aber nicht im Weinbauklima – hier kommt sie nicht sicher zur Blüte, da sie sehr stark auf höhere Temperaturen reagiert; wird leider nur selten angeboten; wenn ihr der Standort zusagt, vermehrt sie sich sowohl durch Samen als auch durch Ausläufer
Begleitpflanzen: Teppich-Sedum (*Sedum* 'Weihenstephaner Gold'), Staudenlein *(Linum narbonense)*, Schleierkraut (*Gypsophila* 'Rosenschleier'), Gräser, Polsterstauden

FRÜHLINGSLICHTBLUME [5.]

Bulbocodium vernum

Wuchs: Zwiebel eiförmig bis rund, Basis einseitig ausgebuchtet, Schale braun, lederartig
Blüte: im Februar–März, meist einzeln, sternförmig offen, dicht über dem Boden, hellrosa-violett
Blätter: 3–4 Stück, umfassen erst die Blüte und entwickeln sich danach zu voller Größe, breit lanzettlich, ca. 15 cm lang, grün
Herkunft: Pyrenäen, südliche W- und Zentralalpen
Standort: sonnig–halbschattig; alle Gartenböden, auch im Wurzelfilz
Bemerkungen: die Frühlingslichtblume ist eng verwandt mit den Herbstzeitlosen, am besten in Gruppen zu pflanzen, da eine einzelne Pflanze kaum Fernwirkung zeigt
Begleitpflanzen: Polsterstauden, laubabwerfende Gehölze wie z. B. Zaubernuss, später austreibende Stauden

SCHEINHYAZINTHE, WIESENHYAZINTHE [6.]

Brimeura amethystina

Wuchs: Zwiebel, rundlich, weißlich
Blüte: Mai–Juni; 1–15 Blüten in einer lockeren Traube, meist hängend, klein, blau oder weiß, bis 20 cm hoch werdend
Blätter: schmal, rinnig, leuchtend grün, meist länger als der Blütenstand, ca. 15–20 cm
Herkunft: Pyrenäen, NO-Spanien, NW-Serbien
Standort: sonnig–halbschattig; durchlässige Böden
Bemerkungen: wenig bekanntes aber gut ausdauerndes Zwiebelgewächs, das stark an die Wildform der Gartenhyazinthen erinnert; kaum duftend; verbreitet sich kaum über Samen und nur mäßig über Brutzwiebeln
Begleitpflanzen: Polsterstauden, Wild-Tulpen, Zwerg-Narzissen, Krokusse, Anemonen, Gräser, laubabwerfende Sträucher wie Japanischer Ahorn

[4.]

[5.]

[6.]

SCHATTENECKEN AUFPEPPEN

Dunkle Ecken blühen nun

Man denkt an Frühlingswälder mit Mengen an Schneeglöckchen, Lerchensporn, Buschwindröschen, Leberblümchen und Hasenglöckchen, darüber das frische Grün der Bäume und dazwischen Farne, die sich entrollen.

AUSWAHL FÜR SCHATTENECKEN

PFLANZENNAME	VITA	BODEN	BEMERKUNGEN
Dreikantiger Lauch *Allium triquetrum*	↥25 ✿IV-V □ ◑-●	humose Laub-erde	liebt feuchtere Standorte, wuchert nicht so stark
Buschwindröschen *Anemone nemorosa*	↥15 ✿III-V □■ ◑-●	humos, durchlässig	Rhizome dürfen nie ganz austrocknen, breitet sich stark aus, mit Sorten
Schneestolz *Chionodoxa* sp	↥10 ✿III-IV ■■ ○	alle Gartenböden	niedriger Wuchs mit dichten Blütenpolstern
Hohler Lerchensporn *Corydalis cava*	↥25 ✿III-IV □■ ◑-●	humos	breitet sich stark aus
Vorfrühlings-Alpenveilchen *Cyclamen coum*	↥15 ✿I-IV □■■ ◑	durchlässig	winterhart, verträgt keine Nässe
Winterling *Eranthis hyemalis*	↥10 ✿II-III ■ ◑	durchlässig	öffnen die leuchtenden Blüten im Sonnenlicht, abends bei Dunkelheit und Kühle schließen sie wieder
Hundszahn *Erythronium* 'Pagoda'	↥25 ✿IV-I ■ ◑	humos, leicht sauer	am leichtesten zu kultivieren
Woronow-Schneeglöckchen *Galanthus woronowii*	↥25 ✿II-III □ ◑-●	humos	liebt feuchtere Standorte, leuchtend grünes, breites Blatt
Hasenglöckchen *Hyacinthoides non-scripta*	↥50 ✿IV-V □■ ◑-●	humos	liebt feuchtere Standorte, zwischen Farnen
Märzbecher *Leucojum vernum*	↥20 ✿II-III □ ○	humos, feucht	langlebig, auch gut zum Schnitt geeignet, Bienenfutterpflanze
Türkenbund-Lilie *Lilium martagon*	↥100 ✿VI-VII □■ ◑-●	humos	duftend, heimische, geschützte Pflanze
Narzissen *Narcissus* Kl. 1–3, 7, 11	↥20-60 ✿III-V □■ ◑	humos, durchlässig	sehr viele Sorten

DER SCHATTIGE GEHÖLZBEREICH

Dieser Gartenbereich bietet sich für eine Vielzahl von Pflanzen an, die vor allem im zeitigen Frühjahr dort für Farbe sorgen. Wenn die Bäume dann voll belaubt sind, kehrt wieder Ruhe ein. Jetzt wirken nur noch verschiedene Grüntöne, bis die Herbstfärbung einsetzt. Viele der heimischen Geophyten stammen aus diesem Bereich. Sie können durch Vertreter aus Asien und Amerika ergänzt werden, wie z. B. durch Hundszahn und Dreiblatt. Alle bevorzugen humose Böden, die nie ganz austrocknen und im Winter einen Schutz durch Falllaub, das nicht entfernt werden sollte. Je weniger in dem Bereich gearbeitet wird, desto eher vermehren sich die Geophyten und bilden im Lauf von Jahren immer größere Teppiche aus. Die wichtigsten Arten sind in der Tabelle aufgeführt oder auf den folgenden Seiten näher beschrieben.
Aus dem sonnigen Bereich können sich manche Arten wie Alpenveilchen, Schneestolz, Winterling und Blaustern durch von Ameisen verschleppte Samen ansiedeln und sich so weiter verbreiten.

LICHTUNGEN IM GEHÖLZBEREICH

In Lichtungen, die auch im Sommer noch teilweise volle Sonne haben, gedeihen sehr viele Lilien, allen voran unsere heimische Türkenbund-Lilie. Sie sorgt in ihrer ganzen Vielfalt nochmals für einen Höhepunkt.

DER SONNIGE GEHÖLZRAND

Er ist der beste Standort für sehr viele Geophyten. Im Frühjahr sonnig und feucht, wird er im Sommer warm und trocken, sodass die Sommerruhe gewährleistet ist. Durch den Wurzelfilz sind die Zwiebeln vor Nagern und der Hacke geschützt. Sie können in Ruhe einziehen, weil in dem Bereich das vergilbende Laub nicht stört, im Gegensatz zur Rabatte. Kurz gesagt, alle Pflanzen, die man möglichst lange im Garten halten will, werden am besten hier untergebracht. Von Schneeglöckchen, Schneestolz und Blaustern über Narzissen, Hyazinthen und Tulpen bis zu den herbstblühenden Krokussen und Herbstzeitlosen kann man wirklich fast alles anpflanzen. Der Gehölzrand bildet oftmals den Übergangsbereich zum Rasen und bietet sich für Krokuswiesen an, denn im Randbereich wachsen die Gräser nicht so üppig, sodass hier das Gras länger ungemäht stehen kann (siehe auch Verwildern im Rasen S. 76–77).

Wenn die Fläche in ein Beet übergeht, dann können im Randbereich die stark ausbreitungsfreudigen Arten angesiedelt werden und im Beet die empfindlichen Arten. So gibt es einen fließenden Übergang. Allerdings besteht auch die Gefahr, dass diese Zwiebeln im Lauf der Jahre das ganze Beet besiedeln.

ALS BEGLEITER ZU ROSEN

Die Rosen als Sonderfall einer Gehölzpflanzung bieten sich für verschiedene Zwiebeln an. Vor allem die sehr früh blühenden Arten wie z. B. Schneeglöckchen, Windröschen, Blaustern, Winterling, Krokusse, Traubenhyazinthen, Frühlingsstern, Zwerg-Narzissen und Tulpen sind zu empfehlen. Die absoluten Favoriten sind hier Traubenhyazinthen und Frühlingssterne gemischt, denn beide bilden sehr viele Tochterzwiebeln und damit dichte Blatthorste, die bereits im Herbst austreiben. Aufgelockert durch Schneeglöckchen und Tulpen gibt es eine lange Blütezeit bis fast zur Rosenblüte hin und weniger Unkraut.

DIE WALDGEISTER

... näher betrachtet

Nicht nur die heimischen, sondern auch ein paar weniger bekannte eingeführte Arten bereichern den Schattenbereich und sollten in den Gärten nicht fehlen.

BÄRLAUCH [1.]

Allium ursinum

Wuchs: kegelförmige Zwiebel mit dünner, papierartiger Hülle; nach Knoblauch riechend; darf nicht austrocknen, deshalb sofort pflanzen
Blüte: April–Mai; kugelige Dolde mit 6–20 sternförmigen, weißen Blüten; Knoblauchgeruch; ca. 10–20 cm hoher, 2–3 kantiger Blütenstiel
Blätter: 2–3 pro Zwiebel; frischgrün, breit elliptisch laufen sie an der Basis in einen kurzen Stiel über
Herkunft: Europa, Kaukasus
Standort: halbschattig–schattig; in frischen, humosen Waldböden
Bemerkungen: vermehrt sich sehr stark, teilweise auch weitverbreitet in den Wäldern; Bärlauch ist in den letzten Jahren stark in Mode gekommen als Gewürz oder Küchenkraut; beim Ernten in der Natur auf den Knoblauchgeruch achten, da hier Verwechslungsgefahr droht mit dem Laub von giftigen Maiglöckchen
Begleitpflanzen: Farne, Narzissen

GEFINGERTER LERCHENSPORN [2.]

Corydalis solida ssp. *solida*

Wuchs: feste Knolle ohne Hülle, bräunlich gefärbt
Blüte: März–April; in Trauben mit 5–20 Blüten, von rötlich lila, rot, rosa, weiß bis bläulich; bis ca. 20 cm hoch; selbststeril
Blätter: 2–3-fach geteilt; meist länger als breit, bläulich, mehr oder weniger tief geteilt; grün gefärbt
Herkunft: Europa, Kaukasus, Türkei
Standort: sonnig–schattig; in Wiesen und Wäldern, auf humosen Böden
Bemerkungen: versamt sich schnell und reichlich bei Fremdbestäubung und nimmt mit der Zeit große Flächen ein, die ein buntes Farbspiel im Rotbereich zeigen; auch für Parks und im Wurzelbereich von Bäumen geeignet
Begleitpflanzen: Farne, Gräser, Schattenstauden wie Funkien, Eisenhut, Herbstanemonen, Primeln, Schneeglöckchen, Schneestolz, Blauglöckchen

ITALIENISCHER ARONSTAB [3.]

Arum italicum

Wuchs: Rhizom artige Knolle, ca. 7 cm lang und 3 cm dick
Blüte: Mai–Juni; Blütenscheide elliptisch–eiförmig, spitz zulaufend, Spitze häufig nickend, weißlich bis grünlich überlaufen; ca. 25 cm hoch; Kolben gelblich bis braun
Blätter: spießförmig mit mehr oder weniger stark gezeichneten silbergrauen Adern; dunkelgrün
Herkunft: Europa
Standort: schattig–halbschattig; an trockenen Hängen
Bemerkungen: schöner, leuchtend grüner bis oranger Fruchtschmuck

im Herbst; die Blätter treiben bereits im Herbst neu aus und können auch als Schnittgrün verwendet werden; die Pflanze strömt meist einen leichten Aasgeruch aus und ist in allen Teilen giftig
Begleitpflanzen: Waldgräser, Buschwindröschen, Bärlauch, Haselwurz, Gedenkemein, Veilchen, Farne, laubabwerfende Sträucher

KLEINES SCHNEEGLÖCKCHEN [4.]

Galanthus nivalis
Wuchs: Zwiebel mit dünner Hülle; darf nicht austrocknen
Blüte: Februar–März; äußere 3 Blütenblätter meist reinweiß, innere mit grünem Fleck; ca. 2 cm groß auf bis zu 20 cm langen Stielen
Blätter: schmal, blaugrün bereift, länglich; treiben erst nach der Blüte voll aus
Herkunft: Europa
Standort: schattig–halbschattig; auf frischen, humosen Böden, in offenen Wäldern
Bemerkungen: variiert sehr stark in der Blütenausbildung, vor allem in den Zeichnungen und auch in der Blütezeit und Blütengröße; es gibt eine Fülle an Sorten und Kreuzungen, die vor allem in Liebhaberkreisen gehandelt werden; die Unterart *Galanthus reginae-olgae,* teilweise auch als eigene Art geführt , blüht bereits im Herbst; verbreitet sich durch Aussaat und Tochterzwiebeln
Begleitpflanzen: alle Schattenpflanzen

GELBES BUSCHWINDRÖSCHEN [5.]

Anemone ranunculoides
Wuchs: unterirdisch kriechendes braunes, dünnes Rhizom, das nicht austrocknen darf
Blüte: Februar–Mai; dottergelb, 5 breite eiförmige Blütenblätter, auf langen, aufrechten Stielen; bis ca. 20 cm hoch
Blätter: 3-teilig, mit tief eingeschnittenen, gesägten Abschnitten; grün
Herkunft: Europa
Standort: halbschattig–schattig; auf humusreichen, frischen Böden
Bemerkungen: kommt in der Natur häufig mit dem Buschwindröschen vor und kreuzt sich auch mit ihm, diese gekreuzten Pflanzen blühen dann schwefelgelb; verbreitet sich nicht so schnell und kräftig wie das Buschwindröschen
Begleitpflanzen: Schneeglöckchen, Märzbecher, Narzissen, Buschwindröschen, Farne, Schattengräser, Waldmeister, Leberblümchen, laubabwerfende Sträucher und Bäume, deren Laub leicht verrottet

GROSSES WALD-DREIBLATT [6.]

Trillium grandiflorum
Wuchs: unterirdisches Rhizom, braun
Blüte: Mai–Juni; 3 weiße Blütenblätter und 3 grüne waagrecht abstehende Hüllblätter
Blätter: 3-teilig, waagerecht bis bogig, starke Nervatur; grün; aufrecht bis ca. 20 cm hoch
Herkunft: Kanada, Ostteil der USA
Standort: schattig–halbschattig; humose, durchlässige, frische Böden, leicht sauer
Bemerkungen: es gibt auch rosa und gefüllt blühende Sorten; die Pflanzen breiten sich langsam durch Rhizome aus; die Kultur aus Samen ist sehr langwierig; in der Natur gibt es ca. 50 verschiedene Wildformen, die jedoch alle schwierig zu kultivieren sind
Begleitpflanzen: Schneeglöckchen, Hundszahn, Lilien, Schattengräser, Farne, laubabwerfende Gehölze; als Zwischenpflanzung zu Rhododendron

[4.]

[5.]

[6.]

↘ SO GEHT'S

[a] DAUERHAFTE UND GROSSBLÜTIGE AUSLESE Die Sommer-Knotenblume 'Gravetye Giant' *(Leucojum aestivum)* blüht im Mai, wird ca. 50 cm hoch und hat einen langen Stiel, der am Ende aufgeteilt ist und an langen Blütenstielen 4–5 glockenförmige Blüten hat. Sie wirkt am besten, wenn sie in einer kleinen Gruppe gepflanzt wird. Sie vermehrt sich nicht stark, nur über Tochterzwiebeln. Die Wildform ist kaum im Handel.

[b] AUCH KIEBITZEI GENANNT Schachbrettblumen *(Fritillaria meleagris)* sind heimische Vertreter der Feuchtwiesen. Ihre Zwiebeln dürfen nie ganz austrocknen. Deshalb sollten sie nur beim Fachhandel gekauft und dann sofort gepflanzt werden. Weiße Blüten werden teilweise angeboten, die anderen Sorten mit zum Teil sehr schönen Zeichnungen sind leider nur noch ganz selten im Handel.

[c] BEZAUBERNDE BLÜTEN Die Engelstränen-Narzisse *(Narcissus cyclamineus)* braucht von den Narzissen den feuchtesten Boden. Leider ist die Wildform mit ihrer ganz zurückgebogenen Krone und höchstens 15 cm Höhe selten zu bekommen, obwohl sie sehr leicht zu kultivieren ist und sich auch versamt. Dafür gibt es eine Vielzahl an neuen Züchtungen, die früh und lange blühen.

AM WASSERGARTEN

Ein Widerspruch?

Die Sumpfschwertlilie überdauert den Winter mit Rhizomen. Andere Wasserpflanzen überwintern mit Hibernakeln, die den Zwiebeln entsprechen. Manche gedeihen im Wasser, die anderen außerhalb.

ZUM STANDORT

Ein kleines Wasserbecken oder auch ein größerer Teich sind eine Bereicherung für jeden Garten. Damit der Teich nicht ständig zu viel Wasser verliert, ist er im Allgemeinen als Folien- oder Glasfaserbecken ausgebildet. Außerhalb des Teichs ist die angrenzende Pflanzfläche jedoch trocken und daher durchaus für die Verwendung von Geophyten geeignet, ganz gleich, ob er nun in der prallen Sonne oder eher im Halbschatten angelegt wurde. Da die Wasserpflanzen ebenfalls einziehen und erst nach den Eisheiligen ab Mitte Mai wieder austreiben, sind die Frühjahrsblüher in diesem Bereich wichtig.

DIE PFLANZENAUSWAHL

Stauden wie Funkien oder das Tafelblatt eignen sich besonders für den Rand des Wasserbeckens, da sie im Sommer mit ihren Blättern bis ans Wasser reichen, allerdings treiben beide erst im Mai aus. Schneeglöckchen, Märzbecher, Schachbrettblume, Sommerknotenblume und Alpenveilchen-Narzissen können diese Zeit sehr schön überbrücken. Sie blühen, bevor die Pflanzen aus der Flachwasserzone wie Sumpfdotterblume, Scheinkalla, Rosenprimel und Trollblume übernehmen. Höhere Stauden wie die Sibirische Schwertlilie, das Geißkraut, die Prachtspieren und Gräser wie das Pfeifengras passen sehr gut in diesen Lebensbereich und können im Frühjahr mit Krokussen, Hundszahn, Windröschen, Hasenglöckchen und verschiedenen Laucharten ergänzt werden. Bodendeckende Stauden, wie das Pfennigkraut, der Günsel oder auch der Frauenmantel, können mit Traubenhyazinthen, Narzissen, Hyazinthen, Präriekerzen oder Wildformen von Tulpen ergänzt werden. Eine Pflanze darf in dem Bereich nie fehlen – der ganz normale Schnittlauch oder noch schöner in der roten Form als Purpur-Schnittlauch *(Allium schoenoprasum)* 'Forescate'.

DIE FEUCHTWIESE

Sie ist in der Natur leider bedroht, bietet jedoch durch ihre extensive Bewirtschaftung vielen Pflanzen und Tieren einen idealen Lebensraum. Sie wird teilweise überschwemmt, trocknet zwischendurch aus und wird nicht gedüngt. Gemäht wird sie maximal zweimal im Jahr, um ein Aufkommen von Wildgehölzen zu unterbinden. Die Gräsergesellschaft setzt sich hauptsächlich aus Seggen, Pfeifengras und Binsen zusammen. An Blütenpflanzen gehören Sumpfdotterblume, Trollblume, Großer Wiesenknöterich, Wiesenschaumkraut, Bachnelkenwurz und Kuckuckslichtnelke zu den klassischen Vertretern. Dazu kommen noch ganz besondere Pflanzen wie das Breitblättrige Knabenkraut, die Schachbrettblume und die Herbstzeitlose. Zur Blütezeit sind diese Wiesen wahre Hingucker und gehören mit zu den schönsten heimischen Pflanzengesellschaften.

WARUM NICHT IM RANDBEREICH DES GARTENS EINE BLUMENWIESE MIT GEOPHYTEN ANLEGEN?

Wiesenknöterich und Wiesenschaumkraut kombiniert mit Krokussen, Schneeglöckchen, Schachbrettblumen, schwarzen und weißen Tulpen und Herbstzeitlosen sehen toll aus. Gemäht wird im Juni und Ende August. Oder Trollblumen, Knabenkraut, Nelkenwurz, Narzissen, gelbe Krokusse, orange und rote Tulpen, da sind der Fantasie keine Grenzen gesetzt.

ZWIEBELN IN GEFÄSSEN

Mobil für saisonale Highlights

Bepflanzte Milchtüten an der Hauswand, die alte Schubkarre im Vorgarten, pompöse Vasen oder ganz schlichte Tontöpfe – weil der Platz immer knapper wird, findet man heute die verrücktesten Kombinationen.

DIE PFLANZGEFÄSSE

Grundsätzlich können die Zwiebeln in alle Arten von Gefäßen gepflanzt werden. Von der Milchtüte bis zur ausrangierten Badewanne, vom Topf bis zur Schale, es bleibt jedem Gartenbesitzer selbst überlassen, welches Gefäß er für seinen mobilen Garten oder die Dekoration verwendet. Die wichtigsten Voraussetzungen sind ein guter Wasserabzug, sodass keine Staunässe entsteht, und über Winter ein Schutz im Wurzelbereich, denn die Wurzeln sind teilweise empfindlich gegen dauerndes Auftauen und Zufrieren der Erde.

WIE WIRD GEPFLANZT

Das Pflanzgefäß wird mit einer ca. 5–8 cm hohen Steinschicht, alten Tonscherben oder ähnlichem Material als Drainage gefüllt. Diese Lage kann noch mit einem Vlies abgedeckt werden, damit sie nicht von der Erde verschlämmt wird. Dann wird eine Lage Substrat eingebracht und darauf die erste Lage Zwiebeln, z. B. Narzissen, gesetzt. Darauf folgt wieder eine Lage Substrat und die nächste Lage Zwiebeln, z. B. Tulpen oder Hyazinthen, die wieder mit Erde überdeckt wird. Als letzte Lage werden Zwiebeln wie beispielsweise Krokusse, Blausterne oder Traubenhyazinthen gesetzt. Darüber kommt dann die letzte Lage Substrat. Mit dieser Schichten- oder Lasagne-Pflanzung erreicht man eine lange Blütezeit in einem einzelnen Topf, nämlich von Februar bis Mai. Als Substrat verwendet man eine Mischung aus Gartenerde, Kompost und Sand oder eine Blumenerde, der noch etwas Sand untergemischt wird.

In kleineren Gefäßen pflanzt man am besten immer nur eine Art, aber auch hier ist eine Dränschicht unten im Topf zu empfehlen. Diese Töpfe können dann im Frühjahr sehr schön mit Stiefmütterchen oder Primeln arrangiert werden.

EINE AUSWAHL FÜR DEN FRÜHLING

Die besten Pflanzen für den Topf sind von den kleineren Zwiebelpflanzen: Schneeglöckchen, Winterlinge, Schwertlilien, Blaustern, Traubenhyazinthen, Schachbrettblumen und Windröschen. Die nächstgrößeren Pflanzen sind die Botanischen Tulpen wie *Tulipa greigii* und *T. kaufmanniana*, Wild-Tulpen, Hyazinthen und Zwerg-Narzissen wie 'Tête-à-tête' oder 'Hawera'. Die hohen Arten sind bei den Tulpen vor allem *Tulipa fosteriana* und alle anderen Züchtungen sowie Narzissen und Kaiserkronen.

SOMMERSCHÖNHEITEN IM TOPF

Wenn der Frühlingsflor abgeräumt ist, wird es Zeit, die angetriebenen Sommerpflanzen im Topf hervorzuholen. Dazu gehören die Klassiker wie Schmucklilien, Dahlien und Blumenrohr. Für den Zwiebelblumenliebhaber bieten sich dazu noch Inkalilien, Sommerhyazinthen, Sterngladiolen, Hakenlilien, Schopflilien, Tigerlilien, Kaplilien, Milchsterne und Schnittknoblauch an. Sehr schöne Topfpflanzen sind auch die vielen Züchtungen unter den Lilien, die nicht zu hoch werden und daher standfester sind.
Sie stehen als Einzelpflanzen oder in Arrangements mit anderen Sommerblumen oder Kübelpflanzen. Da die meisten dieser Pflanzen nicht winterhart sind, sollten sie im Kübel in der Garage überwintert werden.

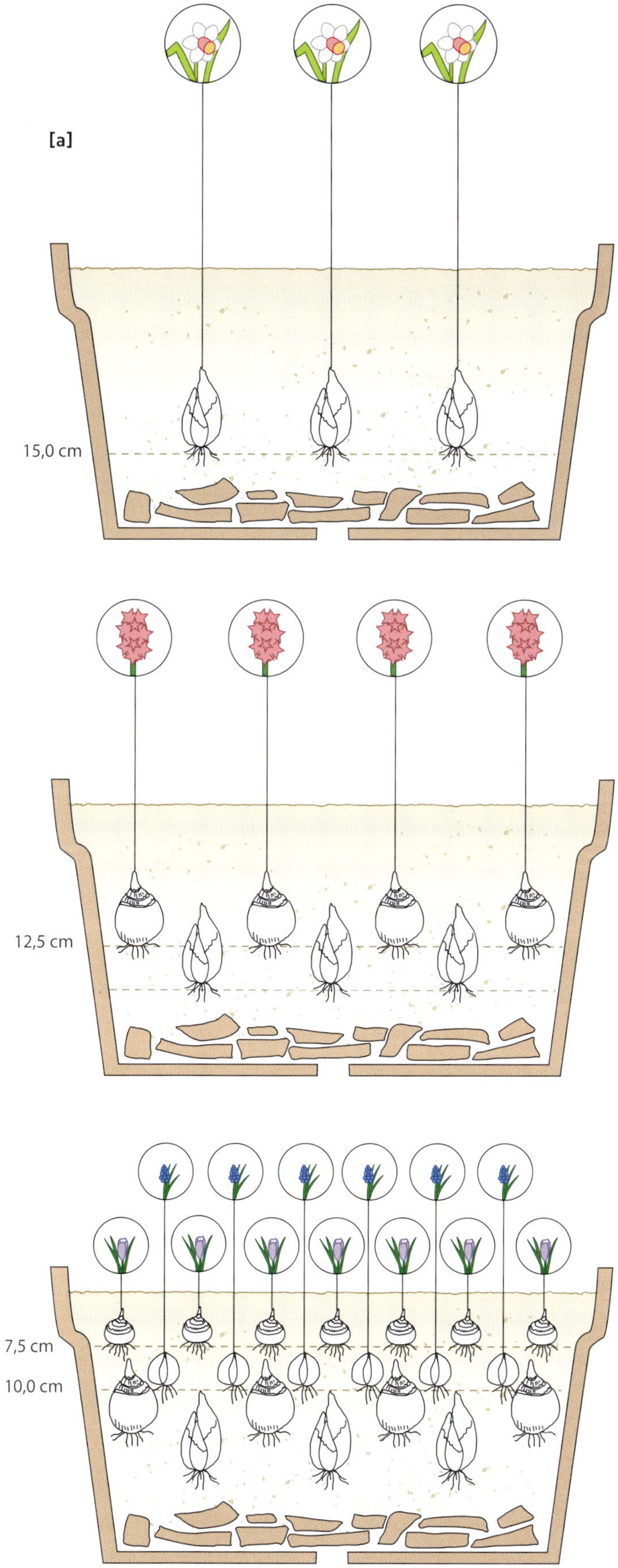

SO GEHT'S

[a] LASAGNE-TECHNIK Für eine blütenreiche Schale wird im Herbst unten in den Topf eine Drainageschicht eingebracht. Auf einer darauf folgenden dünnen Substratschicht werden zunächst die größeren Zwiebeln wie Narzissen oder Tulpen gepflanzt und diese mit Substrat überdeckt. Dann wird eine Lage mit kleineren Zwiebeln wie Krokussen oder Blausternen eingepflanzt und mit der letzten Lage Substrat überdeckt. Je nach Topfgröße können so mehrere Lagen übereinander gepflanzt werden.

[b] BEPFLANZUNGSBEISPIEL Vorgetriebene Tulpen, Ranunkeln und Stiefmütterchen werden für eine kurze Blütezeit als Dekoration zusammen in eine Schale gepflanzt und sobald sie verblüht sind, ausgetauscht.

ZWIEBELN IM HAUS

Es geht auch ohne Garten

Nicht jeder hat ein Gartengrundstück und dafür auch die notwendige Zeit. Doch dies bedeutet nicht, dass man auf Geophyten verzichten muss, denn man kann sie auch als Topf- oder Schnittblumen ins Haus bringen.

AUSWAHL IM HAUS

PFLANZENNAME	VITA	STANDORT	RUHEZEIT	SUBSTRAT	WASSER
Amaryllis *Hippeastrum*	↥ 50-70 ✿ XII-III □■■■■	viel Licht zum Wachsen, weniger zur Blütezeit	ab September, bei ca. 16 °C trocken lagern	humos, leicht lehmig	ab August nicht mehr gießen
Orangefarbener Milchstern *Ornithogalum dubium*	↥ 25 ✿ III-IX ■ ■	viel Licht, auch volle Sonne	im Winter bei ca. 10 °C trocken lagern	locker, humos, leicht sandig	mäßig gießen
Spinnenlilie *Lycoris radiata*	↥ 30 ✿ VIII-IX ■	sonnig, sehr hell	im Sommer, Erde darf nicht ganz austrocknen	lockere Blumenerde	mäßig gießen
Blutblume *Scadoxus multiflora*	↥ 60 ✿ VIII-X ■	sonnig, sehr hell	im Winter trocken halten bei ca. 10 °C	lockere Blumenerde	mäßig gießen
Paperwhites *Narcissus tazetta*	↥ 50 ✿ XI-XII □	sonnig	im Sommer mind. 2 Monate	lockere Blumenerde oder Kies	mäßig gießen
Ranunkel *Ranunculus asiaticus*	↥ 50 ✿ V-IX □■■■■	sonnig	im Winter, wie Dahlien	lockere Blumenerde oder Gartenboden	regelmäßig gießen und düngen
Zimmerkalla *Zantedeschia* Cultivars	↥ 50 ✿ VII-IX □■■■■■	sonnig	November bis Februar	locker, humos	regelmäßig gießen und düngen

ALS TOPFPFLANZEN

Der Ritterstern bzw. die Amaryllis gehören zu den bekanntesten Zwiebelgewächsen, die im Haus zur Weihnachtszeit kultiviert werden. Wer eine lange Blütezeit möchte, kauft sich am besten große Zwiebeln, die nicht nur einen, sondern bis zu 3 Blütenstiele produzieren, die nacheinander zu blühen beginnen – es sind ca. 15 Einzelblüten möglich.
Die Tazetten-Narzissen ('Paperwhites') lassen sich auch sehr leicht zu Weihnachten hin zum Blühen bringen. Ab März werden heute in vielen Supermärkten die Orangefarbenen Milchsterne als Topfpflanzen angeboten, deren traubenförmige Blütenstände nacheinander abblühen. Den Sommer über können Blutblume, Spinnenblume und Zimmerkalla in der Wohnung zum Blühen gebracht werden. Schöne Topfpflanzen sind auch die Kap-Hyazinthen mit vielen Farben, die jedoch nur selten angeboten werden.

VORGETRIEBEN

Krokusse, Schneeglöckchen, Traubenhyazinthen, Tulpen und Narzissen gehören zu den beliebtesten vorgetriebenen Topfpflanzen, die vor allem in nicht geheizten Eingangsbereichen länger mit ihrer Farbenpracht Freude bereiten. In der beheizten Wohnung halten die Blüten leider meist nicht sehr lange. Vorgetriebene Hyazinthen im Wasserglas kommen auch immer wieder gut an. Ranunkeln in Töpfen werden im zeitigen Frühjahr überall angeboten. Diese

Pflanzen eignen sich gut, ein wenig Farbe in den tristen Januar zu bringen.

ALS SCHNITTBLUMEN AUS GÄRTNEREIEN

Die bedeutendsten Schnittblumen sind Lilien, die ganzjährig angeboten werden. Ebenfalls ganzjährig im Programm sind Kalla in den verschiedensten Farben. In der Weihnachtszeit spielt die Amaryllis eine wichtige Rolle. Im Frühjahr sind Anemonen, Ranunkeln, Freesien, Narzissen, Hyazinthen, Iris und Tulpen nicht wegzudenken. Sie gehören in jeden Frühlingsstrauß. Danach folgen Zierlauch, Steppenkerzen, Orangefarbener Milchstern und Ruhmeskrone. Im Herbst kommen dann Gladiolen, Dahlien, Laternenblumen und Nerinen auf den Markt. Weniger bekannte, aber sehr zu empfehlende Schnittblumen mit einer guten Haltbarkeit sind die Inkalilien und die Amazonas-Lilien. Manche schwieriger im Garten zu kultivierenden Arten findet man häufig als Schnittblumen. Dazu gehören Feuerwerksblumen (s. auch S. 108), Triteleien (s. auch S. 108) und Klebschwertel (*Ixia*-Hybriden).

ALS SCHNITTBLUMEN AUS DEM EIGENEN GARTEN

Einzelne Blütenstiele herausgeschnitten, fallen bei Schmucklilien oder bei den kleinen Frühjahrsblühern wie Traubenhyazinthen, Maiglöckchen, Blauglöckchen und Schneeglöckchen nicht auf. Bei den Tulpen sollte nur der Stiel ohne die größeren unteren Blätter abgeschnitten werden, dann können weiterhin neue Zwiebeln aufgebaut werden. Narzissen sollten nach dem Schneiden erst einmal einen Tag separat im Wasser stehen, bevor sie mit anderen Blumen gemischt werden. Die Stiele sondern einen Schleim ab, der die Kapillaren der anderen Blumenstiele verstopft.
Dahlien tut es gut, wenn sie immer wieder zurückgeschnitten werden, sie danken es Ihnen mit mehr Blüten. Auch Montbretien, Schachbrettblumen und alle Laucharten können gut geschnitten werden – auch Schnittlauch ist eine tolle Schnittblume. Im Frühjahr eignen sich die Blätter vom Aronstab als schöne Ergänzung in Blumensträußen. Die Samenstände von Zierlauch (*Allium christophii, A. schubertii*) können gut getrocknet werden.

DIE WECHSELBEPFLANZUNG

Für wogende Blütenmeere

Aufwendig, doch für viele Städte, Gemeinden und Gärten ein Muss: Beete mit einer Fülle an Blüten im Frühling und im Sommer. Sie bieten unbegrenzte Kombinationsmöglichkeiten und erfreuen durch ihre Farbenpracht.

DIE KLASSISCHE WINTERBEPFLANZUNG

Stiefmütterchen, Hornveilchen, Vergissmeinnicht, Tausendschön und Goldlack sind die klassischen Partner, die den Geophyten zugeordnet werden. Sie werden zusammen mit Tulpen, Hyazinthen, Narzissen und anderen im Herbst gepflanzt und sorgen ab Ostern für eine wahre Blütenfülle bis etwa Mitte Mai. Danach werden die Beete abgeräumt und für den Sommerflor hergerichtet. Auf Gartenschauen, in Kurparks, Stadtparks und an vielen Ortseingängen ist dies heute immer noch ein guter Brauch. Vielerorts sind die Beete als Stadtwappen bepflanzt. Gärten wie das Blühende Barock in Ludwigsburg, der Keukenhof in Lisse in Holland oder die Insel Mainau locken jährlich Millionen von Besuchern an, die sich an der Blumenpracht erfreuen.
In den letzten Jahren gab es bei den städtischen Gärtnereien Veränderungen. Gärtnereien, die darauf spezialisiert waren, den Wechselflor selbst heranzuziehen, wurden aufgegeben, denn sie waren zu teuer. Dafür suchte man Alternativen. Eine davon ist, die Geophyten mit ganzjährigen Stauden zu mischen. Eine andere Alternative, die dem öffentlichen Bereich angeboten wird, sind reine Zwiebelmischungen, die von Spezialfirmen maschinell gepflanzt werden. Sie enthalten verschiedenste Zusammenstellungen von Arten und Farben, alle auf eine einmalige Blütenpracht ausgerichtet. Danach werden sie wieder abgeräumt und die

freien Flächen können mit einjährigen Blumenwiesen eingesät werden.

DIE KLASSISCHE SOMMERBEPFLANZUNG

Sie erfolgt auf den abgeräumten Frühlingsflächen ab Mitte Mai nach den Eisheiligen. Der Hauptschwerpunkt bei der Bepflanzung liegt allerdings auf den einjährigen bzw. einjährig gezogenen Pflanzen, die mit sommerblühenden Geophyten ergänzt werden. Die wichtigste Pflanze ist dabei die Dahlie mit ihrer Vielzahl an Blütenformen, Farben und Wuchshöhen. Die anderen sommerblühenden Geophyten gehen zum Teil unter in der Fülle und Üppigkeit der Sommerblumen. Werden Dahlien immer wieder ausgeputzt, sorgen sie für eine Blütenfülle von Ende Mai bis zum Spätherbst. Die Vielzahl der angebotenen Sorten sorgt dafür, dass jährlich andere Farbkombinationen aufgepflanzt werden können. Eine Staudenpflanzung kann diese Blütenpracht nie erreichen, dazu blühen die einzelnen Stauden nicht lange genug oder man müsste sehr viele verschiedene Stauden miteinander kombinieren, dann würde man eine Blütenabfolge innerhalb des Sommers erreichen. Im Privatgarten sind kleinere Inseln mit Sommerblumen immer noch sehr beliebt. Sie können sehr gut auch in Staudenbeete eingestreut werden. Die einzige Einschränkung gibt es teilweise bei den Farben – vor allem in Kombinationen mit Rosa und Gelb.

Viele dieser Flächen sind in den letzten Jahren aus Kostengründen im öffentlichen Grün abgeschafft beziehungsweise durch einjährige Blumenwiesen ersetzt worden, die dann jährlich neu ausgesät werden.

WECHSELFLORFLÄCHEN GANZ AUFGEBEN – GANZ SICHER NICHT!

Wer mit Leib und Seele Gärtner ist, der kann sich in den Flächen richtig austoben. Es gibt viele Farben und Formen, Bewährtes und Neuheiten, da juckt es einem in den Fingern, zu gärtnern. Da gibt es Pflanzen zum Aussäen, Pikieren, Topfen. Man wühlt sich durch Kataloge, Bestelllisten, Gärtnereien usw.

SO GEHT'S

[a] EINJÄHRIGE & STAUDEN Stiefmütterchen, Hornveilchen und Wolfsmilch bilden einen idealen Hintergrund für die Tulpen in Lila und Gelb/Grün, sie sind in denselben Farbtönen gehalten. Denkbar mit dieser Pflanzenauswahl sind auch Kombinationen mit Rot und/oder Weiß oder Gelb und Orange. Bei den Tulpen werden die Farben aus verschiedenen Klassen ausgewählt, um die Blütezeit zu verlängern.

[b] BLAU MACHEN Ganz in Blau gehalten, wirkt die Kombination von Vergissmeinnicht und Hyazinthen durch den Kontrast in den Blüten- und Wuchsformen, auch in Weiß und Rosa ist die Kombination möglich. Für eine längere Blütezeit können noch Tulpen eingefügt werden, z. B. in Rosa, Rot, Weiß oder Gelb und Orange. Die Kombination mit andersfarbigen Hyazinthen ist ebenso möglich.

[c] DREIKLANG DER FARBEN Einfarbige violette Stiefmütterchen bilden den Untergrund für die weißen zweifarbigen Narzissen. Weiße Hornveilchen oder Tausendschön sind als Unterpflanzung denkbar, nur kommen dann die Narzissen nicht so gut zur Geltung. Violette Stiefmütterchen mit weißem Auge machen die Pflanzung unruhig, denn sie treten in Konkurrenz zu den Narzissenblüten.

KOMBINATIONEN

mit Stiefmütterchen & Co.

Bunt oder in ganz feinen Abstufungen, in kräftigen Farben oder in Pastelltönen, einfarbig, hell oder dunkel – die Kombinationen sind vielfältig und bedürfen einer sorgfältigen Planung.

DIE KLASSIKER

Den ersten Platz nehmen die Stiefmütterchen und die Hornveilchen ein, beide mit einem breiten Farbenspiel von Reinweiß über Rosa, Gelb, Orange, Rot, Violett bis fast Schwarz. Viele haben schön gezeichnete oder zweifarbige Blüten. Vergissmeinnicht in Weiß, Rosa oder Blau bilden ebenfalls einen guten Hintergrund für die Geophyten. Tausendschön gibt es in den Farben Weiß, Rosa und Rot. Der Goldlack spielt in Gelb, Orange und Violett eine Rolle. Diese Klassiker sind heute durch die Züchtung als F1-Hybriden erhältlich, die alle einen schönen gleichmäßigen Pflanzenbestand bilden. Dadurch lassen sich auch sehr schöne ornamentale Pflanzungen anlegen. Sie bilden den idealen Hintergrund für Tulpen, Narzissen und Hyazinthen.

DIE STAUDEN

Stauden ersetzten in den letzten Jahren teilweise die Klassiker. Allen voran die Purpurglöckchen mit ihren sehr schönen Blatthorsten von Grün über Rot, dunkel Purpurfarben, Ockerfarben oder fast silberfarben. Die Auswahl ist groß. Dazu kommt die gelbgrüne Wolfsmilch in unterschiedlichen Sorten. Die Schaumblüte mit sehr schönen Blättern und weißen bis zartrosa Blütenkerzen kann gut integriert werden, genauso das Kaukasus-Vergissmeinnicht. Hier sind es vor allem neuere Sorten mit schön gefärbten Blättern wie 'Jack Frost'. Das Lungenkraut wirkt mit Blättern und Blüten. Schleifenblumen und Steinkraut mit weißen Blüten oder Ehrenpreis mit blauen Blüten haben vor allem für Balkonkästen und Kübel an Bedeutung gewonnen. Mit einer langen Blütezeit stehen zudem Nelken zur Verfügung. Interessant sind für Pflanzgefäße auch zum Teil vorgetriebene Gräser.

DIE FARBEN

Die Farbpalette reicht von einfarbig weiß oder dezenten Pastelltönen, von rosa und violett bis zu leuchtend gelb oder feurig rot, selbst nur grün ist möglich. Die Gestaltung geht von Farbverläufen bis hin zu sehr kontrastreichen oder ganz bunten Pflanzungen. Der Fantasie sind keine Grenzen gesetzt und wer modern sein will, sucht sich die Farben nach den jeweiligen Modefarben zusammen. Die gibt es unter den Pflanzen zwar nicht immer in genau den Farbtönen, aber ähnlich ausgerichtete Töne sind möglich. Wer sehr ansprechende Pflanzpläne gestalten will, muss sich intensiv mit den Sorten sowohl bei den Begleitpflanzen als auch bei den Geophyten auseinandersetzen. Oftmals spielen Farbnuancen die entscheidende Rolle. In den letzten Jahren haben vor allem rote bis fast schwarze und gelblich grüne oder silberfarbene Blattfarben in den Sortimenten zugenommen.

FARBEN GESCHICKT WÄHLEN Sicher sehnt sich jeder im Frühjahr nach Farbe, aber treiben Sie es nicht zu bunt, denn dies ist sehr schwierig zu gestalten. Leichter ist es, sich auf 2–3 Farbtöne zu beschränken. Da kann es in einer Ecke „warm" werden mit gelben, orangen, roten und gelbgrünen Tönen, die andere Ecke bleibt „kühl" mit Blau und/oder Weiß/Silberfarben und die nächste Ecke wirkt trendig in Rosa oder Hellviolett. Wer weniger Platz hat, kann die Farbspiele jedes Jahr ändern.

[1.]

FRÜHLINGSPARTNER

zu Stiefmütterchen & Co

Da nicht alle Arten hier Platz haben: Auch die anderen Tulpen- und die Narzissenklassen sowie Kaiserkronen und frühe Zierlauchsorten gehören unbedingt dazu.

[2.]

[3.]

EINFACHE FRÜHE TULPEN [1.]

Tulipa Cultivars
'Flaming Coquette'

Wuchs: Zwiebel mit dünner, brauner Hülle
Blüte: April; frühblühend, einfach, klein, in allen Farben, kurze Stiele
Blätter: breit lanzettlich, grünlich grau, am Blütenstiel angeordnet
Herkunft: SO-Asien, alte Kulturpflanzen
Standort: sonnig; auf durchlässigen, nährstoffreichen Böden
Bemerkungen: viele Sorten erhältlich, die vor allem auch in der Treiberei als Schnitt- und Topftulpen verwendet werden, z. B. die historischen 'Duc van Tol' und bekannte Sorten wie 'Princess Irene' mit orangegelben, bläulich geflammten Blüten
Begleitpflanzen: Frühjahrsblumen wie Vergissmeinnicht, Stiefmütterchen, Hornveilchen, Goldlack, andere Frühlingsblüher

TRIUMPH-TULPEN [2.]

Tulipa Cultivars
'Negrita'

Wuchs: Zwiebel mit dünner, brauner Hülle
Blüte: April–Mai; mittelfrüh, einfach, nicht sehr groß, längere Stiele, alle Farben
Blätter: breit lanzettlich, grünlich grau, am Blütenstiel angeordnet
Herkunft: Kreuzungen zwischen Einfachen Frühen und Einfachen Späten Tulpen, seit Mitte des 20. Jh. im Handel
Standort: sonnig; durchlässige Gartenböden
Bemerkungen: die wichtigsten Tulpen in der Schnittblumenproduktion und Treiberei, sehr viele Sorten in allen Farben oft mit nur geringen Nuancen, im Garten meist nicht sehr ausdauernd.
Begleitpflanzen: Frühlingsblumen wie Vergissmeinnicht, Stiefmütterchen, Hornveilchen, Goldlack, Narzissen, Hyazinthen

GEFÜLLTE FRÜHE TULPEN [3.]

Tulipa Cultivars
'Peach Blossom'

Blüte: April: Gruppe Gefüllte Frühe Tulpen auf kurzen Stielen, meist nur 25–35 cm hoch; Mai: Gruppe Gefüllte Späte Tulpen auf längeren Stielen, dichter gefüllte Blüten
Blätter: breit lanzettlich, grünlich grau, am Blütenstiel angeordnet
Herkunft: Gefüllte Frühe Tulpen oft alte Züchtungen aus dem 19. Jahrhundert, die sogenannten 'Murillo'-Sorten; die Gefüllten Späten Tulpen aus Züchtungen mit spätblühenden Sorten, in allen Farben
Standort: sonnig; durchlässige Gartenböden

Bemerkungen: die gefüllten Tulpen werden meist in Wechselflorflächen verwendet, teilweise auch als Schnittblumen und in Schalen; Sorten leiden oft unter zu viel Regen in der Blütezeit, sie knicken gerne um und die Blütenblätter faulen
Begleitpflanzen: Frühlingsblumen wie Vergissmeinnicht, Stiefmütterchen, Hornveilchen, Goldlack, Narzissen, Hyazinthen

FRÜHLINGS-KROKUS [4.]

Crocus vernus

Wuchs: Knolle mit hellbrauner, faserförmiger Hülle
Blüte: März–April; groß, ca. 10 cm hoch, in verschiedenen Farben, weiß, lila, violett
Blätter: grasartig, rinnig mit hellem Mittelnerv, dunkelgrün, erscheinen erst nach der Blüte
Herkunft: Europa, in 2 Unterarten, sehr variabel
Standort: sonnig–halbschattig; alle Gartenböden
Bemerkungen: in vielen Sorten im Handel, oft auch als Mischungen zum Verwildern im Rasen; schönere Effekte lassen sich erzielen, wenn man einzelne Sorten kauft und diese selber mischt bzw. in unterschiedlichen Kombinationen auslegt; eignen sich für alle Gartenbereiche vom sonnigen Gehölzrand über das Beet bis hin zum Steingarten und zum Vortreiben in Töpfen
Begleitpflanzen: alle Gartenstauden, Frühjahrsblüher, laubabwerfende Sträucher und Bäume sowie Rasen

RANUNKELN [5.]

Ranunculus asiaticus

Wuchs: krallenartige dunkelbraune Knolle
Blüte: Mai–Juni, einfach oder gefüllt, in Weiß, Gelb, Rot, Rosa, Purpur
Blätter: 3-lappig, gezähnt
Herkunft: S-Europa bis SW-Asien
Standort: sonnig; durchlässige, nährstoffreiche Böden, nicht winterhart
Bemerkungen: sehr beliebte Topfpflanze; Schnittblume im Frühjahr, die sich hervorragend für die Treiberei eignet
Begleitpflanzen: Frühjahrsblüher wie Stiefmütterchen, Hornveilchen, Vergissmeinnicht, Tulpen, Narzissen und Hyazinthen

HYAZINTHEN [6.]

Hyacinthus orientalis

Wuchs: Zwiebeln mit dünner, glänzender, papierartiger Hülle, weißlich bei weiß- bis hellblühenden Sorten, bläulich bei den anderen; können im trockenen Zustand Juckreiz verursachen; müssen beim Pflanzen unbedingt mit dem Zwiebelboden nach unten gesetzt werden, sonst wachsen die Blütenstände ins Erdreich hinein
Blüte: April–Mai, Blütenstand dick, hohl, traubenartig, mit vielen Einzelblüten, Blütenblätter bis zur Hälfte zu einer Röhre zusammengewachsen, dann leicht zurückgebogen; in den Farben Weiß, Hellgelb, Hellorange, Rosa, Rot, Blau, Violett, Purpur, stark duftend, sehr viele Sorten
Blätter: grundständig, rinnig, leuchtend grün, bis 35 cm lang
Herkunft: W-Asien, Türkei, Syrien, Libanon
Standort: sonnig–halbschattig, durchlässige Gartenböden
Bemerkungen: seit Mitte des 16. Jahrhunderts in Kultur; erlebte nach der Tulpenmanie eine Hochkonjunktur, die auch zu Spekulationskäufen führte; früher sehr viele gefüllte Sorten im Handel, erst in den letzten Jahrzehnten wurden vor allem neue Farbtöne gezüchtet; beliebt als Topfpflanzen, in der Treiberei und im Garten; als Schnittblumen halten sie besser, wenn sie noch mit einen Stück der Zwiebel abgeschnitten werden
Begleitpflanzen: Frühjahrsblüher wie Tulpen, Narzissen, Krokusse, Anemonen, Vergissmeinnicht, Stiefmütterchen

[4.]

[5.]

[6.]

ÜPPIGE KOMBINATIONEN

mit Sommerblumen

Blütenmeere, um darin zu baden, das sind die meisten Wechselflorflächen im Sommer. Farben und Formen wechseln ab oder ergänzen einander mal bunt, mal in Farbverläufen, aber immer in Fülle.

DIE KLASSIKER

Alte Kulturpflanzen spielen seit Jahrhunderten eine wichtige Rolle im sommerlichen Beet. Dazu gehören Löwenmäulchen, Fuchsschwanz, Bartnelken, Studentenblumen und die Ringelblumen. Die Vielzahl an Sorten dieser Pflanzen hat sich durch Züchtung erhöht. Die neuen beliebten Beetpflanzen sind: Margeriten, Chrysanthemen, Fleißige Lieschen, Kapkörbchen, Eisenkraut, Phlox, Begonien, Zweizahn, Elfensporn, Köcherblümchen, Vanilleblume/Sonnenwende, Wandelröschen, Männertreu, Portulak, Husarenknopf, Schneeflockenblume, Steinkraut, Strohblumen, Sonnenblumen, Sonnenhut, Zauberschnee und verschiedene Salbei-Sorten. In den letzten Jahren haben die Blattschmuckpflanzen wie z. B. die Süßkartoffel an Bedeutung gewonnen. Auch Schlingpflanzen wie Kapuzinerkresse, Trichterwinden und Schwarzäugige Susanne werden an Rankgerüsten in die Beete integriert. Alle sind in verschiedenen Farben erhältlich und so kann man nach intensivem Katalogstudium und Aussuchen in den Gärtnereien sehr schöne Farbkombinationen zusammenstellen.

DIE ERGÄNZUNG MIT STAUDEN

Bei den Stauden sind es wiederum die Purpurglöckchen, die als Blattschmuckstauden Verwendung finden. Dazu kommen der Gartensalbei mit verschiedenfarbigen Blättern und die Fetthennen. Prachtkerze, Duftnessel und Bartfaden, alle mit einem langen Blütenflor, sind als Stauden ziemlich kurzlebig, im Sommerbeet aber kaum mehr wegzudenken. Vom Storchschnabel gibt es immer mehr neue Züchtungen, die den ganzen Sommer durchblühen. Die bekannteste Sorte ist die 'Rozanne', die von Juni bis zum Frost blau-weiße Blüten trägt. Vielfach werden auch Wolfsmilcharten und Schafgarben verwendet.

BEGLEITENDE GRÄSER

Chinaschilf und Reitgras wachsen ziemlich hoch und können dauerhaft in den Flächen stehen bleiben. Sehr schöne Gräser sind die Federgräser, doch sind sie nicht immer leicht zu kultivieren. Beliebt sind auch die Seggen mit ihren sehr unterschiedlich ausgeprägten Blättern. Eine wichtige Rolle spielen die Lampenputzergräser, die allerdings nicht alle winterhart sind. Vor allem rotlaubiges Blutgras und rotblättriger Mais gehören zu den Modepflanzen. Ein besonders schönes Ziergras ist die Schnabelriede, auch Florida-Gras genannt *(Rhynchospora colorata)*, die als Sorte 'Sternentänzer' in den letzten Jahren angeboten wurde.

MINIGÄRTEN AUF BALKON UND TERRASSE

Auf Balkon und Terrasse werden die Beetpflanzen, die auch alle in Töpfen kultiviert werden können, durch Hängepflanzen wie Geranien, Petunien oder Fächerblumen ergänzt. Da sind auch Stämmchen von Wandelröschen, Fuchsien, Oleander oder Nachtschatten tolle rahmengebende Gehölze. Sehr schön sind auch Gewürzpflanzen wie Salbei, Rosmarin, Lavendel, Melisse, Basilikum, Petersilie, Schnittlauch und Thymian als Begleitpflanzen zu den bunten Töpfen von Sommerblumen und Dahlien oder Lilien anzusehen. Sie können in einzelnen Töpfen oder auch zusammen gepflanzt in größeren Gefäßen oder Balkonkästen herangezogen werden. So wird der Balkon zum genießbaren Paradiesgarten im Sommer.

↘ SO GEHT'S

[a] ZWERG-DAHLIEN Zwergig wachsende Dahlien zwischen all den einjährigen Beetpflanzen und Stauden sorgen für eine üppige Blütenfülle, die man sich leicht in den Garten holen kann. Wer dafür kein Beet opfern will, kann dies auch mobil aufpflanzen, z. B. in einer alten Schubkarre oder in einem Holzkasten.

[b] DAHLIEN, GRÄSER & CO. Die hohen purpurfarbenen Dahlien sind zusammen mit den hohen einjährigen Pflanzen und Gräsern wie eine wogende Pflanzenwelle wahrnehmbar. Diese Beete brauchen Platz und eignen sich für großflächige Pflanzungen in Parks. Die Pflanzung kann sehr schön mit rotlaubigem Blumenrohr ergänzt werden.

[c] LILIEN UND DAHLIEN Sie leuchten mit ihren großen Blüten aus einem Meer zarter Salbeiblüten heraus. So eine Kombination ist auch mit dem Staudensalbei, Katzenminze oder der Bergminze denkbar. Neben weiß können die Kombinationen auch in rosa mit blau oder violett und lila ausgeführt werden.

[1.]

FÜR DEN SOMMER

unverzichtbare Auswahl

Sie spielen als Solitär- oder Begleitpflanzen eine wichtige Rolle, wenn sie richtig eingesetzt und nicht von anderen Sommerblumen radikal unterdrückt werden.

[2.]

[3.]

ESSBARES BLUMENROHR [1.]

Canna indica, C. × generalis

Wuchs: dicke, knotige Rhizome, bis 60 cm Länge
Blüte: Juli–September; viele asymmetrische Blüten an aufrechten, unverzweigten Stielen, gelb bis rot, gepunktet, mehrfarbig, je nach Sorten 1–2 m hoch
Blätter: dunkelgrün bis purpurrot, breit und lang mit überlappenden Blattscheiden, die eine Art Rohr bilden
Herkunft: Zentral- und Südamerika, Westindische Inseln, in sonstigen tropischen Regionen eingebürgert
Standort: sonnig; nährstoffreiche Böden, ausreichend Wasser
Bemerkungen: nach den Eisheiligen auspflanzen; gedeiht auch gut als Kübelpflanze; alte Kulturpflanze mit sehr vielen Sorten; die Rhizome enthalten sehr viel Stärke und sind essbar; der gebräuchliche Name Indisches Blumenrohr kommt von den Westindischen Inseln
Begleitpflanzen: Sommerblumen, Dahlien

KALLA [2.]

Zantedeschia Cultivars

Wuchs: Knolle
Blüte: Mai–September; Blütenscheide trichterförmig, in vielen Farben wie Weiß, Rosa, Rot, Grünlich, Gelb, Violett, Purpurfarben bis fast Schwarz; Blüten in meist gelbem Kolben angeordnet; 60–90 cm hoch
Blätter: groß, breit pfeilförmig, in dichten Büschen, grün, teilweise weiß gesprenkelt
Herkunft: Südafrika
Standort: sonnig–halbschattig; durchlässige Böden, brauchen aber viel Wasser, nicht winterhart
Bemerkungen: alte Kulturpflanze, heute wieder sehr stark in Mode, vor allem wegen der vielen neuen Farben; als Schnittblume und als Topfpflanze; verträgt keinen Frost, kann bei ausreichend Wasser und Licht durchkultiviert werden
Begleitpflanzen: Sommerblumen

LILIEN [3.]

Lilium Cultivars

Wuchs: Zwiebeln ohne Schutzhülle, brechen daher leicht auseinander, Vorsicht bei Transport und Lagerung
Blüte: Juni–Juli; Blüten in Türkenbundform oder schalen- bis trichterförmig, je nach Sorte in den Farben Weiß, Rosa, Gelb, Rot, Orange, Höhe sehr variabel
Blätter: lanzettlich, meist leuchtend dunkelgrün
Herkunft: Kreuzungen aus verschiedenen Wildarten
Standort: sonnig bis halbschattig; humose, durchlässige Böden
Bemerkungen: sehr viele Sorten sind heute im Handel; je nach Abteilung

stellen sie ganz unterschiedliche Ansprüche an Boden und Standort, es sind nicht alle gleich gut winterhart, da viele Züchtungen aus Amerika und England und anderen klimatisch günstigeren Gebieten stammen; als Schnittblumen und Topfpflanzen sehr gefragt
Begleitpflanzen: Sommerblumen, Stauden, zwischen Gehölzen, vor allem Rhododendron

KNOLLEN-BEGONIEN [4.]

Begonia Cultivars
Wuchs: Knolle, dunkelbraun, mit Einbuchtung, die beim Pflanzen nach oben schauen sollte, mit alten Wurzeln am Rand, nicht zu tief pflanzen
Blüte: Mai–September; groß, einfach oder gefüllt, in verschiedenen Farben wie Weiß, Rosa, Rot, Orange, Gelb, Blütenblätter teils gewellt am Rand; Stiele schwach, brechen leicht; bis ca. 60 cm hoch
Blätter: asymmetrisch, dunkelgrün bis teilweise rötlich
Herkunft: Wildformen aus Südamerika
Standort: halbschattig–schattig; humose, durchlässige, frische Böden, nie ganz austrocknen lassen
Bemerkungen: eignen sich hervorragend als Topf- und Balkonpflanzen; auch als Hängepflanzen in Ampeln; leicht zu überwintern; vertragen keinen Frost; alte Kulturpflanzen
Begleitpflanzen: Sommerblumen, Schattenpflanzen

MONTBRETIE [5.]

Crocosmia × crocosmiiflora
Wuchs: Knollen mit fleischigen Wurzeln und unterirdischen Ausläufern
Blüte: Juli–August; in 2-zähligen Ähren, Blütenstiel teilweise verzweigt, braun-rot, orange, gelb, rot; ca. 70 cm hoch
Blätter: schwertförmig, gefaltet, aufrecht, in dichten Horsten
Herkunft: Südafrika
Standort: sonnig; nährstoffreiche, durchlässige Gartenböden
Bemerkungen: im Allgemeinen nicht winterhart mit Ausnahme der Sorte 'Lucifer' mit leuchtend scharlachroten Blüten; geeignet als Schnittblumen, viele Sorten, frostfrei überwintern im Keller
Begleitpflanzen: Sommerblumen, Stauden, Schwertlilien, Gräser

SCHMUCKLILIE [6.]

Agapanthus Cultivars
Wuchs: kriechender, knolliger Wurzelstock mit dicken, fleischigen Wurzeln
Blüte: August; in Dolden, weiß, verschiedene Blautöne, sehr variabel
Blätter: riemenförmig, bläulich grün, teilweise wintergrün
Herkunft: Südafrika
Standort: sonnig–halbschattig; durchlässige Gartenböden, viel Wasser
Bemerkungen: *A. praecox* ist die am meisten kultivierte Art mit immergrünem Laub, die vor allem als Kübelpflanze eine wichtige Rolle spielt und nicht winterhart ist; hell überwintern und auch in dieser Zeit gießen; sommergrüne Sorten wie 'Bressingham Blue' und 'Headbourne'-Hybriden sind auch bei uns winterhart, vor allem wenn sie eine Laubabdeckung als Winterschutz erhalten; bei einer Verwendung im Wurzelfilz von Sträuchern sind ausreichende Wassergaben wichtig
Begleitpflanzen: Sommerblumen, Stauden, im Wurzelfilz von laubabwerfenden Gehölzen

[4.]

[5.]

[6.]

↘ SO GEHT'S

[a] DER DALMATINER KROKUS *Crocus tommasinianus* breitet sich am schnellsten und stärksten aus. Es gibt verschiedene Sorten, teilweise sind es Farbauslesen oder Züchtungen, wobei die reinweißen und die dunkelvioletten weitgehend steril sind. Wenn sie zusammengepflanzt werden, dann variieren die Sämlinge sehr stark in Farbennuancen von Lila.

[b] DER GARTEN-KROKUS *Crocus vernus* ist in verschiedenen Sorten im Handel in den Farben Weiß, Blau und Violett erhältlich. Teilweise sind sie auch gestreift. Sie bilden Horste durch Tochterknollen. Der gelbe Garten-Krokus entstand aus anderen Wildformen und fällt durch die kleinere Größe aus der Reihe, ist aber meistens in den angebotenen Mischungen enthalten.

[c] DER WINTERLING *Eranthis hyemalis* hat teilweise Anwachsschwierigkeiten, deshalb die Knollen vor dem Pflanzen über Nacht in Wasser legen. Wenn er sich wohlfühlt, breitet er sich durch Direktaussaat immer weiter im Garten aus. Blühfähig sind die Sämlinge nach ca. 4 Jahren. Erst erscheinen halskrausenartige Blätter mit den Blüten, danach die größeren Laubblätter.

DER BLÜTENTRAUM

von der Krokuswiese

Dabei müssen es nicht nur Krokusse im Frühjahr sein. Auch mit den herbstblühenden Krokussen oder Winterlingen, Schneestolz und Schneeglöckchen kann man blühende Wiesen schaffen.

GEWUSST WIE

Wer Zwiebeln im Rasen erfolgreich verwildern lassen will, braucht zum einen Geduld, da der Prozess am Anfang nur langsam vorangeht. Denn vom Samen bis zur blühfähigen Zwiebel bzw. Knolle dauert es mindestens vier Jahre. Zusätzlich muss man beim Aussehen des Rasens für eine gewisse Zeit Abstriche machen. Grundsätzlich darf der erste Schnitt des Rasens nämlich erst dann erfolgen, wenn die Blätter der Zwiebelgewächse gelb werden und die Pflanzen wieder einziehen. Das kann, je nach Witterung, bis in den Juni hinein dauern. Wer zu früh mäht, nimmt den Pflanzen die Blattmasse und somit auch die Möglichkeit, für das neue Jahr kräftige Zwiebeln bzw. Knollen zu bilden. Dadurch werden diese immer kleiner und bilden immer weniger Blüten aus. Im Rasen selber benötigen die Gräser dann auch ein bis drei Schnitte, bis sie sich wieder richtig gut bestocken. Dadurch haben Moos und die Rasenunkräuter wie Löwenzahn, Gänseblümchen, Vogelmiere und Gundermann gute Chancen, sich breitzumachen.

BESSERE VERWILDERUNGSORTE

Alternativ kann man Geophyten in Gruppen im Rasen anpflanzen und dann regelmäßig um diese Bereiche herummähen. Die bessere Version ist, die Pflanzen in Gehölzrandbereichen anzusiedeln oder an aufwendig zu mähenden Flächen, die dann als frühe Blumenwiese ausgebildet und Mitte bis Ende Juni das erste Mal gemäht werden. Dies gilt sowohl für die Frühjahrsblüher als auch für die herbstblühenden Zwiebeln. Bei den Herbstblühern darf der Rasen ab Anfang September nicht mehr gemäht werden, da sonst die Blüten zerstört werden.

GUTE PFLANZENWAHL

Für den Erfolg ist die Pflanzenauswahl ebenso entscheidend, denn nicht alle Arten vermehren sich gleich gut. Für das Frühjahr eignen sich besonders gut *Crocus tommasinanus*, der Dalmatiner Krokus mit einigen Sorten, und *Crocus vernus*, die großen Garten-Krokusse mit einer Vielzahl an Sorten, die sich jedoch meist nicht versamen, sondern nur über Tochterknollen weitervermehren. Der gelbe Wild-Krokus *(Crocus flavus)* funktioniert auch ganz gut. Aber Vorsicht – bei den gelben Krokussen werden oft die Blüten von den Vögeln angepickt.

Winterling *(Eranthis hyemalis)*, Schneestolz *(Chionodoxa forbesii, C. sardensis)* und das Blauglöckchen *(Scilla bifolia)* bleiben nicht nur in der Rasenfläche, sondern verbreiten sich auch sonst gern im ganzen Garten.

In schattigen Bereichen eignen sich auch das Schneeglöckchen *(Galanthus nivalis)*, der Hohle Lerchensporn *(Corydalis cava)* und der Märzbecher *(Leucojum vernum)*.

Bei den herbstblühenden Zwiebelgewächsen eignen sich die Herbstzeitlosen *(Colchicum autumnale)* und die Hybriden sowie der Pracht-Krokus *(Crocus speciosus)*.

MISCHUNGSVERHÄLTNISSE **Für eine schöne Krokuswiese besorgen Sie sich besser einzelne Sorten und mischen diese miteinander oder werfen sie einzeln in der Fläche aus. Sie können dann mit Farbschattierungen und unterschiedlichen Mengenanteilen variieren. Am besten verwenden Sie sowohl *Crocus tommasinianus* als auch *Crocus vernus* und die Sorten 'Haarlem Gem' und 'Vanguard'. Sie sorgen für eine bessere Bestäubung, einen besseren Samenansatz und eine längere Blütezeit.**

WILD-TULPEN

vielfältig & farbenfroh

Ganz gleich, ob Zwerg- oder große Gartentulpe, sie faszinieren immer und sind seit Langem beliebte Gartenpflanzen. Ob einst an Fürstenhöfen oder heute im Hausgarten, sie lassen sich vielseitig verwenden.

ALLGEMEINES

Von den ca. 100 Wildformen sind lange noch nicht alle in Kultur und erhältlich. Immer wieder kommen neue Arten in den Handel. In der Züchtung ist man bestrebt, die Arten für die Gartenkultur zu verbessern.
Ein Problem ist im Augenblick die Namensgebung. Die Botaniker sind damit beschäftigt, die Gattung zu überarbeiten, was immer einhergeht mit Namensänderungen. Tulpen, die vorher als eigene Art gehandelt wurden, sind auf einmal Sorten oder Unterarten von anderen Wildformen. Arten, die sich äußerlich sehr stark unterscheiden, sind auf einmal die gleiche Art. Es dauert einige Jahre, bis wieder Ruhe einkehrt und die ganzen Änderungen in den Katalogen konsequent verzeichnet sind.
Viele Wildformen sind bei uns im Westen ziemlich unbekannt. Das ist geschichtlich bedingt, denn die Hauptheimatgebiete der Wild-Tulpen umreißen die Gebirgsregionen im Süden der ehemaligen UdSSR, Kasachstan, Kirgistan, Tadschikistan, Turkmenistan, Usbekistan, Georgien, Armenien, Aserbaidschan, Iran, Irak und Afghanistan. Die Vorkommen sind im Altai-Gebirge auf einer Höhe von bis zu 4 506 m, im Tian-Shan-Gebirge auf bis zu 7 439 m und im Pamir-Gebirge, einem Hochplateau, auf bis zu 7 495 m. Diese Gebiete sind zum einen schwer erreichbar und waren nach dem 2. Weltkrieg für Westeuropäer zudem nicht zugänglich.

WILDFORMEN IN DER ZÜCHTUNG

Die ersten heutigen Gartentulpen gehen auf Wildformen zurück, die Ende des 19. Jahrhunderts nach Europa kamen, dazu gehören *Tulipa kaufmanniana, T. greigii, T. fosteriana, T. praestans, T. batalinii, T. eichleri* und *T. linifolia.* Sie sind bis heute in Kultur. Die Arten aus dem Vorderen Orient sind länger bekannt. Dazu gehören *Tulipa saxatilis, T. clusiana, T. bakeri, T. urumiensis, T. biflora* und *T. hageri.*

EMPFEHLENSWERTE ARTEN FÜR DEN GARTEN

Die ersten Tulpen, die im Garten blühen, sind die *Tulipa kaufmanniana* – die Seerosen-Tulpen. Von den Wildformen gehört zu den frühen Arten *Tulipa turkestanica,* die ca. 20 cm hoch wird und 3–5 kleine, weiße Blüten trägt, die außen rot bzw. grünlich gezeichnet sind. Ähnlich ist auch *Tulipa biflora,* die nur 15 cm hoch wird, aber dafür größere Blüten hat, und zwar meist 2 pro Stiel. Gleichzeitig blüht auch ein Zwerg, der höchstens 10 cm hoch wird und etwa 1 cm große goldgelbe Blüten und schöne, glänzend grüne Blätter hat – *Tulipa hissarica.* Bald darauf folgt *Tulipa schrenkii,* genauso klein, hat aber größere rote Blüten mit einem gelben Rand. Diese Tulpe ist wohl die Urform der alten Tulpensorte 'Duc van Tol', die in der Züchtung eine wichtige Rolle spielt. *Tulipa kolpakowskiana* wirkt durch ihre schmalen, leicht gewellten Blätter. Sie wird ca. 20 cm hoch und hat gelbe, außen leicht rötlich überlaufende Blüten. Ein Muss ist auch *Tulipa tarda.* Sie ist ca. 10 cm hoch mit sternförmigen Blüten, die innen gelb und an der Spitze weiß gefärbt sind. Die Blüten öffnen sich nur bei Sonnenschein, davor sind sie kaum sichtbar, da sie an der Außenseite grünlich und leicht rötlich überhaucht sind. *Tulipa tarda* kann sich sehr stark versamen, wird dabei aber nicht lästig und kommt selbst zwischen konkurrenzstarken Stauden durch. Ganz ähnlich ist die rein gelb blühende Art *Tulipa urumiensis.* Erwähnt sei auch die Horntulpe, *Tulipa acuminata,* mit ganz schmalen, gedrehten, hellgelben Blütenblättern. Rot mit großen Blüten ist *Tulipa eichleri.* Den Schluss macht *Tulipa sprengeri,* die in vielem eine Ausnahme ist: Sie mag es kühl, auch schattig, blüht Ende Mai, Anfang Juni mit leuchtend roten Blüten auf ca. 30 cm langen Stielen und sie macht Ausläufer.

AUF DIE HERKUNFT ACHTEN Wild-Tulpen sind immer eine Bereicherung für den Garten. Es lohnt sich, sie auszuprobieren und einige halten lange in Gärten aus – 20 Jahre und mehr, wenn der Standort passt. Dazu gehören die Wildformen, die auf den folgenden Seiten vorgestellt werden. Viele Sorten sind Naturauslesen. Diese Sorten sollte man kaufen, denn dann kommen die Zwiebeln garantiert aus Kultur und nicht vom Naturstandort. Das gilt übrigens auch für alle anderen Geophyten.

TULIPA SYLVESTRIS Die Wald- oder besser Weinberg-Tulpe ist die einzige, die auch bei uns verwildert vorkommt. Sie wurde aus dem östlichen Mittelmeerraum eingeführt. Dort gedeiht sie in lichten Kiefernwäldern. Sie wird als verwildernde Tulpe angeboten, was sie auch durch Samen und Ausläufer tut, doch oft sind es nur große Flächen Laub mit wenigen Blüten. Am besten gedeiht sie im Garten an sonnigen, warmen Stellen mit gutem Wasserabzug und vor allem vielen Nährstoffen. Dann kommen Ende April die gelben, außen grünlichen, leicht nickenden und duftenden Blüten auf ca. 30 cm hohen Stielen zum Blühen. Inzwischen gibt es einige gute Sorten, die sicherer blühen als die Wildform. Diese sind für den Garten absolut zu empfehlen.

WILD-TULPEN

Die dürfen nicht fehlen

Sie sind die wichtigsten Wildarten, auf die man sich verlassen kann, und sie sind vielseitig verwendbar, aber teilweise noch nicht genügend bekannt.

ZWERG-TULPE [1.]

Tulipa humilis

Wuchs: Zwiebel mit harter, brauner Schale, die innen behaart ist
Blüte: März–April; Blüten aufrecht auf kurzen Stielen, violett-rosa mit gelber Mitte, ca. 10 cm hoch
Blätter: 2–5, bläulich, länglich, in grundständiger Rosette
Herkunft: SO-Türkei, Iran, Irak, Aserbaidschan
Standort: sonnig; durchlässige Gartenböden
Bemerkungen: sehr viele Sorten in den verschiedensten Farben von violett über rot bis weiß, sehr schöne Farbspiele, teilweise die Blüten außen grün oder silbrig überlaufen, Blütenblätter innen in der Mitte oft ganz anders gefärbt; verbreiten sich hauptsächlich durch Tochterzwiebeln; 'Violacea' und 'Pulchella' sind früher oft als eigene Arten geführt worden, gehören heute aber zu dieser Wildform; verbreitet sich langsam durch Tochterzwiebeln
Begleitpflanzen: Steingartenstauden, Krokusse, Traubenhyazinthen, Windröschen

WILD-TULPE [2.]

Tulipa orphanidea 'Whittallii'

Wuchs: Zwiebel, deren äußere Schale innen schwach, zur Spitze hin stärker behaart ist
Blüte: April; leuchtend orangefarben mit dunklem Basalfleck und hellerem Rand, äußere Blütenblätter außen stumpf grün, kelchförmige Blüte, die sich nie ganz öffnet, ca. 30 cm hoch
Blätter: 2–7, bläulich grün, schmal lanzettlich, grundständig
Herkunft: W-Türkei
Standort: sonnig; alle durchlässigen Gartenböden
Bemerkungen: sehr schöne, ausdauernde Wild-Tulpe, die sich vor allem über Brutzwiebeln vermehrt
Begleitpflanzen: Jonquillen-Narzissen, Traubenhyazinthen, Steingartenstauden wie Steinkraut, Gold-Wolfsmilch, Veilchen, Schlüsselblumen, Gräser wie Blauschwingel, Regenbogenschwingel, spät austreibende Präriestauden

WILD-TULPE [3.]

Tulipa vvedenskyi

Wuchs: Zwiebel, die äußerste Schale ist innen nur zur Spitze hin leicht behaart
Blüte: April; leuchtend hell scharlachrot bis orange mit gelber oder bräunlicher Basis, glänzend, weit geöffnet bei Sonnenschein, äußere Blütenblätter teils mit hellerer Mitte, ca. 25 cm hoch
Blätter: 4–5, immer bläulich, oft fein behaart, Rand teilweise gewellt
Herkunft: Mittelasien
Standort: sonnig; durchlässige Gartenböden

Bemerkungen: variabel in den Blütenfarben, daher oft Farbauslesen als Sorten erhältlich, verbreitet sich über Brutzwiebeln; sehr ausdauernd; hat eine sehr intensive Farbwirkung
Begleitpflanzen: Steingartenstauden, später austreibende Stauden, Gräser, Traubenhyazinthen, Windröschen

WILD-TULPE [4.]

Tulipa praestans

Wuchs: Zwiebel mit fester äußerer Schale, dunkelbraun
Blüte: April; Stiel teilt sich auf und hat bis zu 3 Einzelblüten, ziegelrot; ca. 35 cm hoch
Blätter: breit lanzettlich, teilweise Sorten mit weißem Rand
Herkunft: Mittelasien, Tadschikistan, südlicher Pamir, Alai-Gebirge
Standort: sonnig; nährstoffreiche, durchlässige Gartenböden
Bemerkungen: gut ausdauernde Wild-Tulpe mit verschiedenen Sorten, gute Fernwirkung durch die leuchtende Blütenfarbe, auch wenn die Einzelblüten nicht so groß sind; verbreitet sich nicht stark und bildet auch nur wenige Tochterzwiebeln aus; die Wildform selbst ist nicht im Handel, sondern nur Sorten wie 'Fusilier'
Begleitpflanzen: Polsterstauden, Gräser wie Blauschwingel, Regenbogenschwingel, in Präriefächen

WILD-TULPE [5.]

Tulipa linifolia 'Batalinii'

Wuchs: Zwiebel, äußere Schale innen zur Spitze hin behaart, hart
Blüte: April; in verschiedenen Farben Rot, Gelb, Bronzefarben, Zitronengelb; ca. 15 cm hoch
Blätter: bläulich, schmal lanzettlich, grundständig, rosettenförmig angeordnet
Herkunft: Mittelasien, Pamir- und Alai-Gebirge
Standort: sonnig; nährstoffreiche, durchlässige Gartenböden
Bemerkungen: wurde erst in den letzten Jahren der Wild-Tulpe *T. linifolia* zugeordnet, war zuvor als eigene Wildform geführt; ausdauernde Tulpe im Garten, die sich gut durch Tochterzwiebeln verbreitet; die Sorten sind meist in verschiedenen Gelbschattierungen, teilweise auch mit einem anderen Farbton überlaufen
Begleitpflanzen: Polsterstauden, Schlüsselblumen, Gedenkemein, Veilchen, Ziergräser oder spät austreibende Stauden wie z. B. polsterbildende Herbstastern (Aster 'Snowflurry')

WILD-TULPE, DAMEN-TULPE [6.]

Tulipa clusiana

Wuchs: Zwiebel, äußere Schale mit Haaren, die an der Spitze herausragen
Blüte: Mai; in verschiedenen Unterarten und Sorten, weiß oder gelb mit außen karminroter Färbung, klein, auf langen Stielen; ca. 30 cm hoch
Blätter: 2–5, bläulich, etwa 1 cm breit, teilweise am Rand gewellt
Herkunft: NW-Indien, Kaschmir, N-Afghanistan, N-Iran, Irak, im Mittelmeerraum verwildert
Standort: sonnig; nährstoffreiche, durchlässige Gartenböden
Bemerkungen: die Wildart *T. clusiana* (weiß/rot) ist nicht so wüchsig wie die Unterart *chrysantha* (gelb/rot), allerdings sind in den letzten Jahren neue Sorten auf den Markt gekommen wie 'Peppermint Stick' (weiß/rot), die sehr wüchsig sind und sehr elegante Wild-Tulpen; verbreitet sich bei uns hauptsächlich durch Brutzwiebeln
Begleitpflanzen: Polsterstauden, Ziergräser, später austreibende Stauden

[4.]

[5.]

[6.]

↘ SO GEHT'S

[a] EINJÄHRIGE DAHLIEN Dahlien zwischen Gräsern und Astern, eine Blütenfülle im Spätsommer: die Gräser als ruhiger Hintergrund und Gliederung, die Astern als zarte Untermalung, vieles mehrjährig, nur die Dahlien jährlich ergänzt.

[b] FRÜHLINGSFLOR Das klassische Frühlingsbeet ornamental bepflanzt mit Stiefmütterchen und Tulpen, die alle jährlich neu in verschiedensten Kombinationen aufgepflanzt werden und nach der Blüte Platz machen für den Sommerflor.

[c] SOMMERFLOR Der klassische Sommerflor mit Dahlien, Feuersalbei und Studentenblumen, farbenfrohe Kombinationsmöglichkeiten, die von Juni bis zum Frost mit gelegentlichem Rückschnitt durchblühen.

[d] EIN GARTENAUSSCHNITT Der Apfelbaum ist unterpflanzt mit Stauden, Gräsern und Geophyten wie Traubenhyazinthen, Tulpen, Narzissen und vielem mehr, sodass immer wieder etwas anderes zum Blühen kommt.

EINJÄHRIG ODER DAUERHAFT

Wo geht der Weg hin?

Aufwendige, üppig blühende Pflanzungen, die jährlich erneuert werden oder gelungene Kombinationen mit Stauden und Gehölzen – das entscheidet jeder ganz nach seinen Vorlieben.

EINJÄHRIGE ERGÄNZEN MIT DAUERHAFTEM

Ein Trend der letzten Jahre geht in die Richtung, dass immer mehr Stauden, Gräser und Gehölze als einjährige Pflanzen in den Frühjahrs- und Sommerrabatten integriert werden. Sie werden dazu züchterisch weiterentwickelt, vor allem Blütenfülle, Blütezeit und Wuchs sind dabei entscheidende Kriterien. Sie werden zu saisonalen Verkaufshits, die hinterher, wenn sie nicht mehr so attraktiv aussehen, entsorgt werden. Viele verlieren durch die Kulturverfahren ihre Winterhärte und Gartentauglichkeit. Die Auswahlkriterien sind Blüte, Blatt und Blütezeit. Standortansprüche und Langlebigkeit spielen keine Rolle. Da sitzen Sumpfpflanzen mit Trockenpflanzen in einem Topf, wenn die Proportionen und die Farben stimmen.

DAUERHAFTES ERGÄNZT MIT EINJÄHRIGEN

Auf der anderen Seite werden die Gärten immer kleiner. Oft sind Bäume, Sträucher oder Hecken vorgeschrieben, die irgendwie im Garten integriert werden sollen. Sie entsprechend zu unterpflanzen, ist eine Herausforderung. Um ganzjährig eine Blütenabfolge zu erreichen, werden viele verschiedene Pflanzen benötigt, die nacheinander blühen. Das ist nicht einfach und vielfach fehlt das Fachwissen. Mit einjährigen, lang blühenden Pflanzen, die ganz gut zu den Stauden oder Gehölzen passen, erreicht man dies leichter. Es spricht nichts dagegen, im Staudenbeet oder in der Rabatte Flächen frei zu halten, die vor allem im Sommer mit Einjährigen bepflanzt werden. Im Frühling können die Geophyten diese Rolle übernehmen.

GÄRTEN MIT KIES STATT BLUMEN

Das ist das ganz andere Extrem. Es wird im Augenblick als pflegeleicht verkauft, da der Kies die Bildung von unerwünschten Wildkräutern vermeiden soll. Das ist aber kritisch zu sehen, denn die Wildpflanzen erobern schließlich auch mühelos Brachflächen und Gebäuderuinen zurück. Genauso ist der gestalterische Aspekt etwas langweilig. Wo bleiben hier Jahreszeiten oder die Vielfalt?

DIE BESTEN EINJÄHRIGEN

PFLANZENNAME	VITA	BODEN	WÄSSERN
Dahlien *Dahlia* Cultivars	↥0,3-1,5 ✿VII-XI □□■■■■■ ○	alle Gartenböden	regelmäßig
Sterngladiole *Gladiolus callianthus* var. *muriele*	↥0,7 ✿VII-X □ ○	alle Gartenböden	mäßig
Sommerhyazinthe *Galtonia candicans*	↥1,2 ✿VII □ ○	alle Gartenböden	mäßig
Zauberschnee *Euphorbia hypercifolia* 'Diamond Frost'	↥0,4 ✿IV-XI □ ○	alle Gartenböden	mäßig
Mehliger Salbei *Salvia farinacea*	↥0,6-0,9 ✿VI-X □■ ○	alle Gartenböden	regelmäßig
Löwenmäulchen *Antirrhinum majalis*	↥0,3-0,7 ✿VI-XI □□■■■ ○	alle Gartenböden	regelmäßig
Schmuckkörbchen *Cosmos bipinnatus*	↥0,5-1,1 ✿VI-X □ □ ○	alle Gartenböden	regelmäßig

[1.]

DIE GANZ WILDEN

die man niemals loswird

Es will gut überlegt sein, ob diese Pflanzen in den Garten dürfen. Unter Umständen wird man sie nicht mehr los und sie werden zu „saisonalen Unkräutern".

[2.]

[3.]

WINTERLINGE [1.]

Eranthis hyemalis

Wuchs: knolliger Wurzelstock, außen braun gefärbt
Blüte: Februar–März; an endständigen Stielen, goldgelb; ca. 15 cm hoch
Blätter: handförmig geteilt, an Stielen; erscheinen erst nach der Blüte; Stielblätter quirlig als Halskrause unter den Blüten angeordnet, sind bereits mit der Blüte da
Herkunft: S-Europa, sonst verwildert
Standort: sonnig–halbschattig; alle Gartenböden
Bemerkungen: Samen werden am besten sofort nach der Ernte ausgesät, sie keimen dann aber erst im nächsten Frühjahr; die Sorte 'Schwefelglanz' mit hellgelben Blüten vermehrt sich farbecht aus Samen weiter; die Verwendung sollte immer großflächig sein, da kommt die Pflanze am besten zur Geltung
Begleitpflanzen: Krokus, vor allem *Crocus tommasinianus*, Blauglöckchen, Schneeglöckchen, Blaustern, im Halbschatten Funkien, Lenzrosen, Schattengräser, Zaubernuss

BUSCHWINDRÖSCHEN [2.]

Anemone nemorosa

Wuchs: waagrecht kriechendes, rundes, dünnes Rhizom, meist dunkelbraun gefärbt, darf nie ganz austrocknen
Blüte: März–Mai; weiß, meist nur eine Blüte am Stiel, Außenseite der Blütenblätter oft auch mit rosa bis rötlich violetten Schattierungen, sehr variabel; bis ca. 20 cm hoch
Blätter: handförmig, 5-teilig fiedrig eingeschnitten, an Stielen, grün, unterseits leicht behaart
Herkunft: Europa
Standort: halbschattig–schattig; in Laubhumusböden
Bemerkungen: dort, wo Buschwindröschen gedeihen sollen, unbedingt im Herbst das Laub liegen lassen; es gibt eine Vielzahl an Sorten in Weiß, gefülltblühend, Blau, Rosa und Rötlichviolett
Begleitpflanzen: Farne, Schattengräser, Leberblümchen, Schneeglöckchen

HOHLER LERCHENSPORN [3.]

Corydalis cava (bulbosa)

Wuchs: runde bis konische Knolle, die im Alter hohl wird, bräunlich
Blüte: März–April; meist purpurfarben bis rosa, seltener weiß; ca. 25 cm hoch
Blätter: doppelt dreizählig, mit eingeschnittenen Einzelblättchen, bläulich grün
Herkunft: Europa bis N-Iran
Standort: halbschattig; auf trockeneren, humosen Böden, im Wurzelfilz laubabwerfender Gehölze

Bemerkungen: breitet sich stark aus; in der Blüte sehr variabel; durchzieht Wildhecken im Frühling mit einem Blütenflor
Begleitpflanzen: Maiglöckchen, Farne, Schattengräser, Efeu, Schneeglöckchen, Sträucher und Bäume

SPANISCHES HASENGLÖCKCHEN [4.]

Hyacinthoides hispanica

Wuchs: Zwiebel mit röhrenförmigen Schalen, druckempfindlich, oft Pilzbefall an beschädigten Stellen
Blüte: Mai; Blütenstand aufrechte Traube, die oberen Blüten aufrecht stehend, die unteren hängend, glockenförmig, nicht duftend, Farben in Weiß, Blau oder Rosa; ca. 30 cm hoch
Blätter: linealisch bis lanzettlich, glänzend grün, grundständig
Herkunft: Spanien, Portugal, N-Afrika
Standort: halbschattig–schattig; alle Gartenböden
Bemerkungen: gedeiht besser im kontinentalen Klima als die andere Wildform *Hyacinthoides non-scripta*, die englische 'Bluebells', die mehr im maritimen Klima daheim ist; sehr viele Sorten im Handel in unterschiedlichen Blautönen, Weiß und Rosa
Begleitpflanzen: Funkien, Schattengräser, Schattenstauden, laubabwerfende Gehölze, Rhododendron und Azaleen

KLEINER BLAUSTERN [5.]

Scilla bifolia

Wuchs: kugelige Zwiebel, hellrosa mit dunklerer, dünner Schale
Blüte: März; ein traubenförmiger Blütenstand pro Zwiebel mit bis zu 10 Einzelblüten, einseitig angeordnet, blau oder violett blau, selten weiß oder rosa; zwischen 5 und 30 cm hoch
Blätter: meist nur 2, grundständig, linealisch, grün, mit der Blüte erscheinend
Herkunft: Mittel-, Südeuropa und Türkei
Standort: sonnig–halbschattig; auf durchlässigen, frischen Böden, meist kalkhaltig
Bemerkungen: tritt meist in großen Mengen auf, vermehrt sich aus Samen, der von den Ameisen verschleift wird; unterscheidet sich nur wenig vom Schneestolz *(Chionodoxa sardensis)*, der Hauptunterschied liegt in der Blüte, vor allem an den Staubfäden, die bei den Blauglöckchen immer einzeln sichtbar sind
Begleitpflanzen: laubabwerfende Sträucher, auch in Wildgehölzpflanzungen aus Haselnuss, Hartriegel, Wildrosen u. Ä. oder frühblühende Ziersträucher, Stauden und Gräser

SCHNEESTOLZ [6.]

Chionodoxa forbesii

Wuchs: haselnussähnliche Zwiebel mit heller Haut
Blüte: März–April; 4–12 Blüten strahlend blau oder rosa mit weißer Mitte, sternförmig, leicht hängend, in einer Traube; ca. 25 cm hoch
Blätter: 2, grundständig, lanzettlich, kräftig grün, meist aufrecht
Herkunft: W-Türkei, Kreta, Zypern
Standort: sonnig–schattig; auf durchlässigen Böden
Bemerkungen: sehr variabel, kreuzt sich auch gerne mit den Blauglöckchen, breitet sich sehr stark aus vor allem durch Samen, die von den Ameisen verschleift werden; sehr schöne Sorten im Handel, die meist größere Blüten haben als die Wildform
Begleitpflanzen: alle Stauden, Gräser, besonders schön zu frühblühenden Gehölzen wie Kornelkirsche, Forsythie, Winterschneeball, Zierkirsche

[4.]

[5.]

[6.]

IM LAUF DER ZEIT

Begleiter durchs Jahr

Die Pflanzen näher kennenlernen und sie richtig verwenden, darum geht es im folgenden Kapitel. Pflanzpläne, nach Farben geordnet, zeigen für die Lebensbereiche Gehölz, sonniger Gehölzrand und Beet bewährte Kombinationsmöglichkeiten auf.

DER VORFRÜHLING

die ersten Besucher

Vorsichtig lugen die ersten Blätterspitzen in der kalten Jahreszeit aus der Erde heraus. Man sieht sie und trotzdem wartet man oft noch Wochen bis die ersten Blüten erscheinen – endlich ein Hauch von Frühling.

DIE ERSTEN FRÜHLINGSBOTEN

Schneeglöckchen, Frühlings-Alpenveilchen, Teufels-Krokus, Dalmatiner Krokus oder Winterling, wer da die Nase vorne hat und als Erster die Blüten zeigt, lässt sich nicht leicht festlegen. Sie alle können schon Ende Dezember die ersten Blüten zeigen. Doch dann hängt es sehr stark vom Standort und der Witterung ab, wann sie tatsächlich anfangen zu blühen. Da können die einen noch in einer Art Froststarre selbst bei strahlendem Sonnenschein verharren und die anderen entfalten innerhalb von wenigen Tagen ihre Blüten. Dieser Wettstreit macht den Vorfrühling jedes Jahr aufs Neue spannend, denn gerade in den Monaten Januar und Februar wartet man bereits sehnsüchtig auf jede einzelne Blüte. Schneestolz, Blauglöckchen, Märzbecher, Traubenhyazinthen, Krokusse, Lerchensporn, Windröschen und die frühen Narzissen setzen diesen Reigen fort und führen nahtlos über in den Frühling.

BEGLEITENDE GEHÖLZE UND STAUDEN

Es gibt natürlich auch ein paar Sträucher, die diesen Auftakt in der Natur begleiten. Dazu gehören als Sträucher die Zaubernuss mit gelben oder orange-rötlichen Blüten, der Winter-Schneeball mit weißen oder rosa Blüten, die Winterblüte mit hellgelb-purpurnen Blüten und das Winter-Duft-Geißblatt mit weißen Blüten. Als Rank- oder Hängepflanze sorgt der gelb blühende Winter-Jasmin für Farbe. Für den Hausgarten ist die Winter-Kirsche mit weißen oder zartrosa Blüten ein schöner kleinkroniger Baum.

Etwas später treiben dann die Mahonien (gelb), Kornelkirschen (gelb), Forsythien (gelb), Felsenbirnen (weiß), Zierquitten (rot – orange) und die frühen Kirschen (rosa) dazu und leiten zum Frühjahr über.
Zur gleichen Zeit kommen bereits die ersten Stauden zum Blühen. Dazu gehören Christ- und Lenzrosen, Walzenwolfsmilch, Küchenschelle, Veilchen, Immergrün, Schlüsselblume, Bergenien und Schleifenblume. Von den Gräsern blühen die Waldsegge und die Bergsegge zusammen mit den ersten Narzissen.

DIE WICHTIGSTEN ARBEITEN IM GARTEN

Wer seine Stauden nicht alle im Herbst abgeschnitten hat, sollte dies unbedingt in dieser Zeit tun und zwar bevor alle Zwiebeln ausgetrieben haben. Es besteht die Gefahr, dass man sie zertritt oder mit abschneidet. Auch die Gräser, die als Zierde über Winter stehen bleiben, sollten jetzt abgeschnitten werden. Die Zwiebelpflanzen auf mageren Standorten sollten jetzt gedüngt werden. Die gepflanzten Schalen können aus ihrem Winterquartier geholt und langsam angetrieben werden. Wer will, kann zu dem Zeitpunkt seine Dahlien eintopfen und vortreiben, damit sie im Sommer schneller zur Blüte kommen. Dazu kommt noch die Aussaat der Einjährigen, wenn man diese vorkultivieren will. Gleichzeitig beginnt bereits der Kampf mit den unbeliebten Kräutern, vor allem Springkraut, Vogelmiere, Löwenzahn und Co. Diese kann man jetzt gut aus den Beeten entfernen, bevor sie sich wieder versamen. Auch den einjährigen Gehölzsämlingen ist jetzt leicht der Kampf angesagt.

↘ SO GEHT'S

[a] *CORYDALIS CAVA* An sonnigen Gehölzrändern oder in Parkanlagen zieht sich der Hohle Lerchensporn großflächig durch das Gebüsch, seltener in Weiß, überwiegend in purpurfarbenen Schattierungen. Mit dem bläulich grau gefärbten Laub sorgt er für ein zurückhaltendes Grün unter den noch kahlen Sträuchern.

[b] 'SCHWEFELGLANZ' Diese schwefelgelbe Variante des Winterlings ist eine Spontanmutation, die in einem Privatgarten in Darmstadt gefunden wurde und sich sehr stark und auch durch Samen sortenrein vermehrt. Gerade die hellere Farbe lässt schöne Kombinationen mit Christrosen, Alpenveilchen oder Krokussen zu.

[c] ERGIEBIG Der Dalmatiner Krokus mit seinen verschiedenen Farbnuancen vermehrt sich am besten von allen Krokussen und lässt sich mit vielen Vorfrühlingsblühern kombinieren. So entstehen immer neue Gartenbilder in Kombination mit Schneeglöckchen, Alpenveilchen, Winterling und anderen Krokussen.

KROKUSSE

Die ganz frühen Vertreter

Dies ist eine kleine Auswahl der vielen Wildformen, die es wert sind, in den Gärten verbreitet zu werden, denn sie sind leicht zu kultivieren.

WILD-KROKUS [1.]

Crocus sieberi 'Bowles White'
Wuchs: flach, kugelige Knolle, feine, netzartige, faserige Hülle
Blüte: Februar–März; weiß-lila, mit Zeichnungen, gelber Schlund, glänzend; ca. 7 cm hoch
Blätter: schmal mit weißem Mittelnerv, erscheinen mit der Blüte
Herkunft: Griechenland
Standort: sonnig; durchlässige Gartenböden
Bemerkungen: ist mit einigen Sorten im Handel, die alle gartenwürdig sind; in der Natur in verschiedenen Unterarten vorkommend, die aber selten angeboten werden, außer in der Form von 'Tricolor': oberer Blütenteil lila, dann ein breites weißes Band und ein goldgelber Schlund; die Sorte 'Bowles White' ist mit der schönste weiße Krokus; 'Firefly' blüht rosaviolett mit einem gelben Schlund; 'Violett Queen' ist heller mit kleineren Blüten; 'Hubert Edelsten' blüht weiß mit schöner purpurfarbener Zeichnung außen
Begleitpflanzen: Steingartenstauden, flach wachsende oder spät austreibende Stauden, Ziergräser und Rosen

WILD-KROKUS [2.]

Crocus etruscus 'Zwanenburg'
Wuchs: flache, kugelige Knolle mit faseriger, netzartiger Hülle
Blüte: Februar–März; blass lila, Außenseite creme-, silber- oder lederfarben mit violetten Fiederzeichnungen, Griffel am Ende dreiteilig, orange; ca. 7 cm hoch
Blätter: 3–4, schmal, erscheinen mit den Blüten, wachsen erst danach weiter
Herkunft: Italien, Korsika
Standort: sonnig–halbschattig; alle Gartenböden
Bemerkungen: die Sorte 'Zwanenburg' ist kräftiger in der Blütenfarbe und eignet sich durchaus zum Verwildern, aber hauptsächlich durch Brutknollen; die Wildform ist nicht im Handel erhältlich
Begleitpflanzen: Steingartenstauden, spät austreibende Stauden und Gräser

WILD-KROKUS, SILBERLACK-KROKUS [3.]

Crocus versicolor var. *picturatus*
Wuchs: länglich, eiförmige Knolle mit faseriger Hülle
Blüte: Februar–März; weiß, gelber, Schlund, Außenseite gelblich mit deutlichen purpurfarbenen Zeichnungen; ca. 7 cm hoch
Blätter: 3–5, länglich, graugrün, erscheinen mit der Blüte
Herkunft: SO-Frankreich, NW-Italien, Monaco
Standort: sonnig–halbschattig; alle Gartenböden
Bemerkungen: vermehrt sich durch Brutzwiebeln und bildet mit der Zeit

kleinere Horste, die Wildform selbst variiert sehr stark und wird selten im Handel angeboten, sie blüht auch in blass lila
Begleitpflanzen: Steingartenstauden, teppichbildende Stauden wie Thymian und Fetthenne, spät austreibende Stauden und Ziergräser

WILD-KROKUS, TEUFELS-KROKUS [4.]

Crocus imperati 'De Jager'
Wuchs: eiförmige Knolle mit parallelfaseriger Hülle
Blüte: Januar–März; fliederfarben, äußere Blütenblätter cremegelb mit dunkellila Federzeichnung, großblütig; ca. 10 cm hoch
Blätter: 3–6, länglich, schmal, glänzend grün, erscheinen mit den Blüten
Herkunft: SW-Italien
Standort: sonnig–halbschattig; alle Gartenböden, vor allem im Sommer trocken
Bemerkungen: dieser Krokus treibt sehr früh aus, das kann durchaus schon Mitte Dezember sein; der Austrieb kann wochenlang in diesem Zustand verharren, erst wenn es keine große Frostperiode mehr gibt, öffnen sich an sonnigen Tagen die Blüten und zeigen ein leuchtendes Lila; darf deshalb eigentlich bei keinem passionierten Gärtnern im Garten fehlen
Begleitpflanzen: Frühlings-Alpenveilchen, Veilchen, niedrige Stauden wie Thymian, Fetthenne, Steinbrech, Hauswurz

WILD-KROKUS, GOLDLACK-KROKUS [5.]

Crocus angustifolius
Wuchs: rundliche Knolle mit grober, netzartiger Hülle
Blüte: Februar–März; gelb, außen auffällig rotbraune Zeichnung, Griffel in 3 orangerote Äste geteilt; ca. 5 cm hoch
Blätter: 3–6, schmal, schwach graugrün, mit der Blüte erscheinend
Herkunft: SW-Russland, Krim, Ukraine, Armenien
Standort: sonnig–halbschattig, alle durchlässigen Gartenböden, sommertrocken
Bemerkungen: bildet Tochterknollen aus und so mit der Zeit kleinere Horste, die Sorte 'Minor' ist in allen Teilen kleiner und blüht etwas später
Begleitpflanzen: niedrige, teppichbildende Stauden wie Thymian, Fetthenne, Kugelblümchen, Hauswurz, Vorfrühlingsblüher wie Winterling, Kleiner Blaustern

WILD-KROKUS, ANKARA-KROKUS [6.]

Crocus ancyrensis
Wuchs: rundliche Knolle mit grober, netzartiger Hülle
Blüte: Januar–März; gelb oder orangenfarben, klein, Griffel in 3 orangerote Äste geteilt; ca. 5 cm hoch
Blätter: 3–6, schmal, schwach graugrün, mit der Blüte erscheinend
Herkunft: Türkei
Standort: sonnig–halbschattig; alle durchlässigen Gartenböden, sommertrocken
Bemerkungen: bildet Tochterknollen aus und so mit der Zeit kleinere Horste; reich blühend mit großer Leuchtkraft
Begleitpflanzen: niedrige, teppichbildende Stauden wie Thymian, Fetthenne, Kugelblümchen, spät austreibende Stauden wie Bleiwurz, Frühlingsblüher wie Schneeglöckchen, Veilchen

[4.]

[5.]

[6.]

[1.]

[2.]

[3.]

VORFRÜHLING

farbenfroher Saisonauftakt

Sie sorgen neben Schneeglöckchen für eine frühe Blüte, die später nahtlos in die Frühlingsblüte übergeht. Ein Muss für die ganzjährige Bepflanzung.

BALKAN-WINDRÖSCHEN [1.]

Anemone blanda 'White Splendour'

Wuchs: schwärzliche, zylindrische Knolle, verästelt
Blüte: März–April; 1 Blüte pro Stiel, blau, selten weiß oder rosa, großblütig; ca. 15 cm hoch
Blätter: dreigeteilt, unterseits behaart, Blattabschnitte rundlich im Umriss
Herkunft: S-Europa
Standort: sonnig–halbschattig; alle Gartenböden, bevorzugt humos und warm
Bemerkungen: eine Vielzahl an Sorten, die sich mit der Zeit versamen; die blaue Sorte, die als 'Blue Shades' oder 'Blaue Töne' im Handel ist, fällt in unterschiedlichen Blautönen aus, die anderen Sorten spalten in verschiedene Farben auf; die Sorte 'White Splendour' (reinweiß, großblütig) versamt sich nicht und hält in der Blüte länger als die anderen
Begleitpflanzen: Winterlinge, Krokusse, Schneestolz, Blauglöckchen, Traubenhyazinthen, Veilchen, Schlüsselblumen, Narzissen, Tulpen, Bleiwurz

BLAUZUNGEN-LAUCH [2.]

Allium karataviense 'Ivory Queen'

Wuchs: Zwiebeln, rundlich abgeflacht mit membranartiger Hülle
Blüte: April–Mai; in dichter Dolde, Einzelblüten sternförmig, hellviolett rosa, mit dunklen Mitteladern; ca. 15 cm hoch
Blätter: 2–3, breit zungenförmig, grundständig, blaugrün gefärbt, sehr attraktiv im Austrieb
Herkunft: Mittelasien, Pamir, Alai-Gebirge, Tian-Shan-Gebirge
Standort: sonnig; durchlässige, trockene Gartenböden
Bemerkungen: die Pflanze wirkt vor allem durch ihr Laub, es ist eine der wenigen Laucharten, die zur Blütezeit ein attraktives Laub aufweist; schön ist auch die Sorte 'Ivory Queen' mit fast weißen Blüten
Begleitpflanzen: Steingartenstauden, Präriestauden, graulaubige Pflanzen

FRÜHLINGS-ALPENVEILCHEN [3.]

Cyclamen coum

Wuchs: kleine bis mittelgroße, rundliche Knollen, Wurzeln nur unten, braun
Blüte: Februar–März; an langen Stielen, gestauchte Blüten im Vergleich zu anderen Alpenveilchen, reinweiß bis rosa oder dunkelkarminrot, mit weißem Auge und dunklem Fleck; ca. 7 cm hoch; oft schon im Spätherbst als Knospen vorhanden, blühen sie gleich nach der Schneeschmelze
Blätter: rund bis nierenförmig, an langen Stielen, sehr variabel, dunkelgrün, teilweise silberne Zeichnung,

unterseits rötlich, erscheinen vor oder mit den Blüten oft schon im Spätherbst
Herkunft: Schwarzmeerküste bis NW-Iran, N-Israel
Standort: halbschattig, unter lichten Waldbedingungen; durchlässige Gartenböden
Bemerkungen: leicht zu kultivieren; samt sich gerne aus und bildet mit der Zeit ganze Teppiche, am besten unter Sträuchern oder polsterbildenden Stauden ansiedeln, damit sie im Sommer vor der Hacke geschützt sind
Begleitpflanzen: Winterlinge, Schneeglöckchen, Krokusse, Schneestolz, Blauglöckchen, Silberwurz, Kugelblümchen, Sträucher, Farne, Herbst-Alpenveilchen

GROSSBLÜTIGES SCHNEEGLÖCKCHEN [4.]

Galanthus elwesii

Wuchs: Zwiebel mit fester, brauner Schale
Blüte: Februar–März; weiß, innere Blütenblätter mit zwei unterschiedlichen Markierungen, die auch zusammengefügt sein können, großblütig; bis ca. 20 cm hoch
Blätter: breit lanzettlich, aufrecht, teilweise leicht gedreht, graugrün
Herkunft: Bulgarien, Rumänien NO-Griechenland, W-Türkei, Ukraine
Standort: sonnig–halbschattig; alle Gartenböden mit guter Drainage
Bemerkungen: lässt sich leicht in den Gärten ansiedeln, da die Zwiebeln nicht so empfindlich gegen die Trockenlagerung sind; versamt sich kaum, bildet aber durch Tochterzwiebeln lockere Horste; variiert sehr stark in der Blütenausprägung und Blütezeit
Begleitpflanzen: Steingarten, spät austreibende Stauden, Gräser

ZWIEBEL-IRIS [5.]

Iris histrioides 'Lady Beatrix Stanley'

Wuchs: Zwiebel mit grob netzfaseriger, heller Hülle
Blüte: Februar–März; blau, mittelblau mit dunklen Flecken auf hellem Grund, groß; ca. 10 cm hoch
Blätter: 2, viereckig bis zu 30 cm lang, erscheinen erst richtig nach der Blüte
Herkunft: N-Türkei
Standort: sonnig; alle Gartenböden
Bemerkungen: winterhärteste Art, meist als Auslese 'Major' im Handel, bildet ziemlich große Horste, andere Wildform mit hellgelben Blüten wie z. B. *Iris winigradowii* werden nur selten angeboten; aus den Wildformen ist die Sorte 'Katharine Hodgkin' entstanden mit großen, hellblauen und hellgelben Blüten mit ausgeprägter Zeichnung, die gut im Garten gedeiht
Begleitpflanzen: Steingartenstauden, Rosen, Bleiwurz

FRÜHLINGSSTERN, STERNBLUME [6.]

Ipheion uniflorum 'Wisley Blue'

Wuchs: kleine Zwiebeln mit fleischigen Wurzeln
Blüte: Februar–Mai; meist nur eine Blüte pro Stiel, violett-blau oder weiß, Röhre mit sternförmig ausgebreiteten Zipfeln, Staubgefäße am Ende der Röhre gerade noch sichtbar; ca. 20 cm hoch
Blätter: linealisch, grundständig, fleischig, ca. 20 cm lang, erscheinen oft schon im Herbst; riechen bei Berühren und Beschädigung nach Knoblauch
Herkunft: Uruguay, Argentinien
Standort: sonnig; alle durchlässigen Gartenböden
Bemerkungen: bildet durch Brutzwiebeln in kurzer Zeit dichte Horste aus; in kalten Gebieten kann es zu Frostschäden kommen; es gibt eine Reihe von Sorten, die rosa, violett oder auch weiß blühen; die Sorte 'Wisley Blue' ist die frostunempfindlichste
Begleitpflanzen: Traubenhyazinthen, Tulpen, Gold-Wolfsmilch, Blaukissen, Steinkraut, Schwertlilien, Pfingstrosen, Rosen

[4.]

[5.]

[6.]

DER VORFRÜHLING KOMMT

... auf leisen Sohlen

Der Schwerpunkt liegt in diesem Plan auf einem frühen Saisonauftakt und dezenten Farben. Die Pflanzen sind unter diesem Gesichtspunkt ausgewählt, führen jedoch die Blüte das ganze Jahr über weiter.

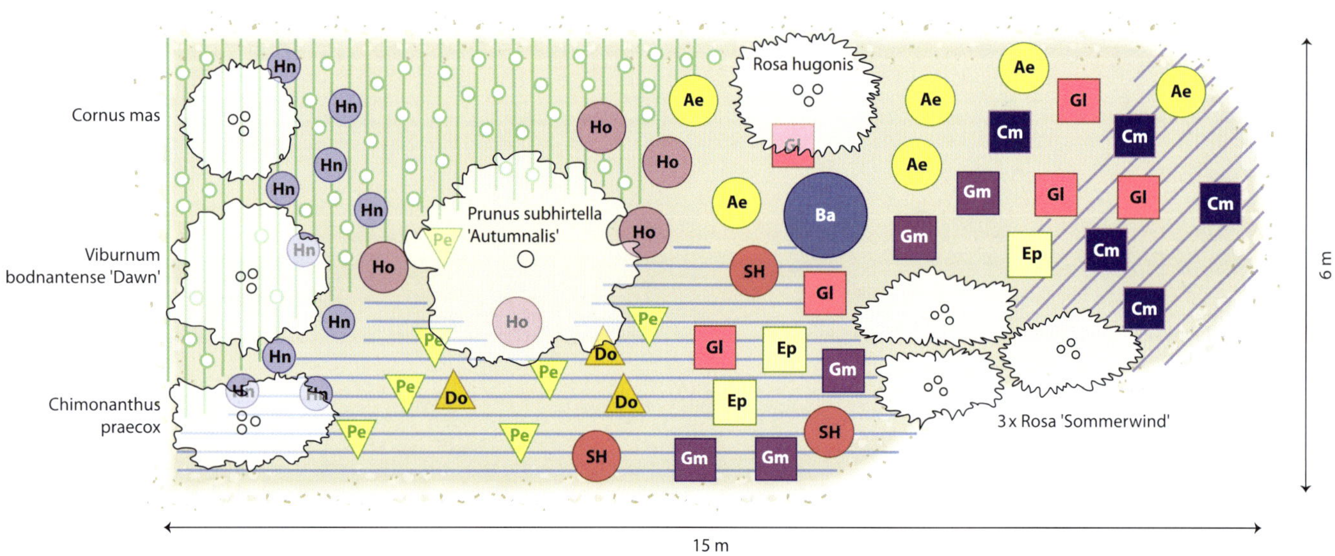

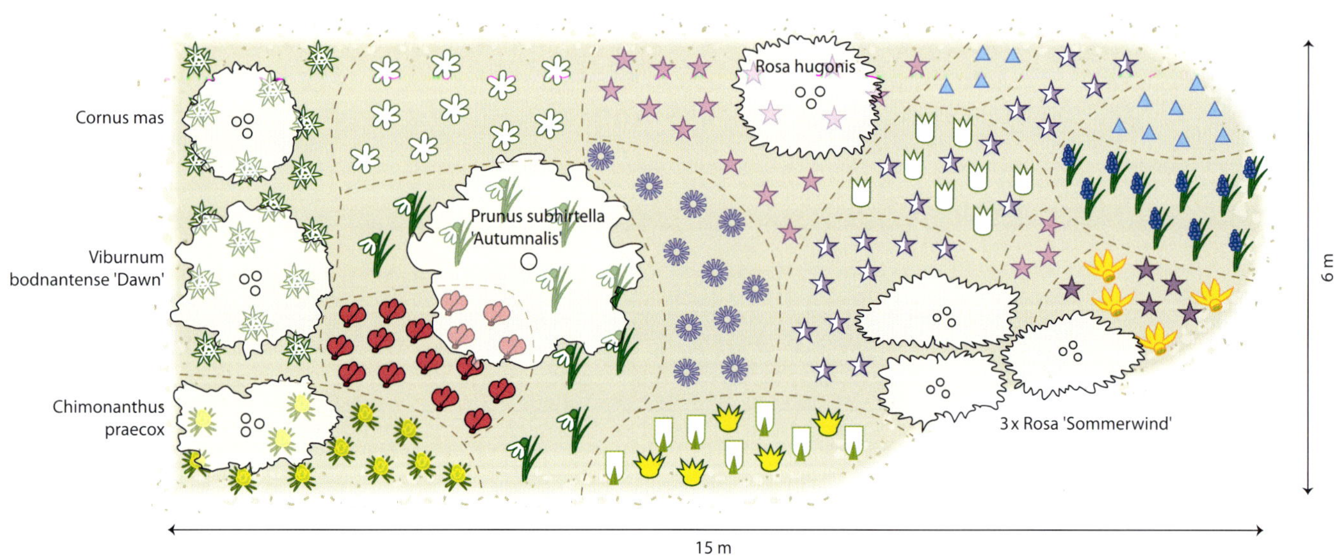

PFLANZEN FÜR DEN SAISONAUFTAKT

PFLANZENNAME	DARSTELLUNG & ANZAHL IM PLAN	VITA
Gehölze		
Winterblüte *Chimonanthus praecox*	ausgeschrieben (1)	♄ ■ ✿ XII-III ↥ 2-3 ○ 💧 ⤢ 1,5-2 m
Kornelkirsche *Cornus mas*	ausgeschrieben (1)	♄ ■ ✿ III-IV ↥ 3-5 ○-◐ 💧 ⤢ 2,5-3,5 m
Winterkirsche *Prunus subhirtella* 'Autumnalis Rosea'	ausgeschrieben (1)	♄ ■ ✿ XI-IV ↥ 4-7 ○ 💧 ⤢ 2-3,5 m
Winterblühender Schneeball *Viburnum bodnantense* 'Dawn'	ausgeschrieben (1)	♄ ■ ✿ XI-IV ↥ 2-3 ○ 💧 ⤢ 1,5-2 m
Chinesische Gold-Rose *Rosa hugonis*	ausgeschrieben (1)	♄ ■ ✿ IV-V ✂ II ↥ 2 ○-◐ 💧 ⤢ 1 m
Beetrose *Rosa* 'Sommerwind'	ausgeschrieben (3)	♄ ■ ✿ V-X ✂ II ↥ 0,6 ○-◐ 💧 ⤢ 60 cm
Stauden		
Kriechender Günsel *Ajuga reptans*	(7)	♃ ■ ✿ IV-V ↥ 0,15 ○-◐ 💧 ⤢ 25 cm
Kahler Frauenmantel *Alchemilla epipsila*	Ae (6)	♃ ■ ✿ VI-VIII ↥ 0,2-0,4 ○ 💧 ⤢ 30 cm
Blaue Färberhülse *Baptisia australis*	Ba (1)	♃ ■ ✿ VI-VIII ✂ II ↥ 1-1,5 ○ 💧 ⤢ 1
Berg-Flockenblume *Centaurea montana*	Cm (5)	♃ ■ ✿ V-VIII ✂ II ↥ 0,4 ○ 💧 ⤢ 30 cm
Chinesischer Bleiwurz *Ceratostigma plumbaginoides*	(10)	♃ ■ ✿ VIII-X ✂ II ↥ 0,25 ○ 💧 ⤢ 25 cm
Maiglöckchen *Convallaria majalis*	(10)	♃ □ ✿ V ↥ 0,2 ◐-● 💧 ⤢ 25 cm
Gemswurz *Doronicum orientale*	Do (3)	♃ ■ ✿ IV-V ✂ VII ↥ 0,4 ○ 💧 ⤢ 30 cm
Gold-Wolfsmilch *Euphorbia polychroma*	Ep (3)	♃ ■ ✿ V-VI ✂ II ↥ 0,4 ○ 💧 ⤢ 40-50 cm
Waldmeister *Galium odoratum*	(10)	♃ □ ✿ IV-V ↥ 0,2 ◐-● 💧 ⤢ 25 cm
Prachtkerze *Gaura lindheimeri*	Gl (5)	♃ □ ✿ VII-X ✂ II ↥ 1 ○ 💧 ⤢ 40 cm
Pracht-Storchschnabel *Geranium × magnificum*	Gm (5)	♃ ■ ✿ VI-VII ✂ VIII ↥ 0,6 ○-◐ 💧 ⤢ 30-50 cm
Leberblümchen *Hepatica nobilis*	Hn (10)	♃ ■ ✿ III-IV ↥ 0,1 ◐-● 💧 ⤢ 20 cm
Lenzrose *Helleborus orientalis*	Ho (5)	♃ ■ ✿ I-IV ✂ XII ↥ 0,3-0,4 ○-◐ 💧-💧 ⤢ 50 cm

♃ Staude ♄ Strauch ♄ Baum ■ Blütenfarben
✿ Blütenmonate ✂ beste Rückschnittzeit
↥ Höhe in m Standort ○ hell ◐ Halbschatten ● Schatten
Wasserbedarf 💧 groß 💧 mittel 💧 gering ⤢ Pflanzabstand

PFLANZENNAME	DARSTELLUNG & ANZAHL IM PLAN	VITA
Hohe Schlüsselblume *Primula elatior*	Pe (7)	♃ ■ ✿ III-IV ↥ 0,2 ○-◐ 💧 ⤢ 20-30 cm
Fetthenne *Sedum telephium* 'Herbstfreude'	SH (3)	♃ ■ ✿ VIII-X ✂ II ↥ 0,5-0,7 ○ 💧 ⤢ 50-60 cm
Blumenzwiebeln		
Bärlauch *Allium ursinum*	(30)	♃ □ ✿ V ↥ 0,2-0,3 ◐ 💧 ⤢ 20 cm
Windröschen *Anemone blanda* 'Blue Shades'	(20)	♃ ■ ✿ II-IV ↥ 0,1 ○-◐ 💧 ⤢ 20 cm
Buschwindröschen *Anemone nemorosa*	(20)	♃ □ ✿ III-V ↥ 0,15 ◐ 💧 ⤢ 20 cm
Wild-Krokus *Crocus imperati* 'De Jager'	(5)	♃ ■■ ✿ I-III ↥ 0,07 ○-◐ 💧 ⤢ 5-10 cm
Elfen-Krokus *Crocus tommasinianus*	(50)	♃ ■ ✿ II-III ↥ 0,1 ◐ 💧 ⤢ 5-10 cm
Großblumiger Garten-Krokus *Crocus vernus* 'Vanguard'	(30)	♃ ■ ✿ III-IV ↥ 0,1 ○-◐ 💧 ⤢ 15-20 cm
Frühlings-Alpenveilchen *Cyclamen coum*	(10)	♃ ■ ✿ I-III ↥ 0,05-0,1 ◐ 💧 ⤢ 25 cm
Winterling *Eranthis hyemalis* 'Schwefelglanz'	(20)	♃ ■ ✿ II-III ↥ 0,1 ○-◐ 💧 ⤢ 10-15 cm
Kleines Schneeglöckchen *Galanthus nivalis*	(30)	♃ □ ✿ II-III ↥ 0,1 ◐ 💧 ⤢ 5-10 cm
Breitblättrige Traubenhyazinthe *Muscari latifolium*	(20)	♃ ■ ✿ IV-V ✂ VI ↥ 0,2 ○ 💧 ⤢ 5-20 cm
Engelstränen-Narzisse *Narcissus triandrus* 'Hawera'	(30)	♃ ■ ✿ IV-V ✂ VI ↥ 0,2 ○ 💧 ⤢ 5-10 cm
Kleiner Blaustern *Scilla bifolia* (s. a. S. 85)	(20)	♃ ■ ✿ III ↥ 0,10-0,15 ◐ 💧 ⤢ 5-15 cm
Lilienblütige Tulpe *Tulipa* LB 'White Triumphator'	(20)	♃ □ ✿ V ✂ VI ↥ 0,6-0,7 ○-◐ 💧 ⤢ 15-20 cm
Zwerg-Stern-Tulpe *Tulipa tarda*	(30)	♃ □■ ✿ IV-V ✂ VI ↥ 0,15 ○ 💧 ⤢ 15-20 cm
Viridiflora-Tulpe *Tulipa viridiflora* 'Spring Green'	(20)	♃ □■ ✿ V ✂ VI ↥ 0,4-0,5 ○-◐ 💧 ⤢ 15-20 cm

Erläuterungen zum Pflanzplänen Die Pflanzpläne bestehen aus Kombinationsmöglichkeiten, die sich auf die Bereiche Gehölz – zwischen Baum und Sträuchern, sonniger Gehölzrand – vor dem Baum und den Sträuchern und Freifläche als Rabatte oder Beet seitlich vom Baum beziehen. Das Schema ist in allen Pflanzplänen beibehalten. Die Pflanzenauswahl wurde so getroffen, dass während der ganzen Vegetationszeit immer etwas blüht. Im Vorfrühling liegt der Schwerpunkt auf einer frühen Blütezeit, alle anderen Pläne sind nach Farben zusammengestellt. Die Pflanzen aus den verschiedenen Bereichen können beliebig mit anderen Farben kombiniert werden. Weiß und blau passen zu allen. Gelb, rot und orange wirken warm, pink, lila und blau eher kühl.

[a]

[b]

[c]

SO GEHT'S

[a] WINDRÖSCHEN Die reizenden Windröschen bilden größere Teppiche und sind in den Farben Weiß, Blau, Rosa bis Violett schöne Partner zu Narzissen, Tulpen oder Hyazinthen, vor allem auch deren Zwergformen. Sie sind in sonnigen Bereichen vielseitig verwendbar: vom Steingarten bis zum Beet und Gehölzrand. Beim Versamen fallen sie nicht sortenecht, sondern bilden neue Farben aus.

[b] DER 2. BLÜTENFLOR Traubenhyazinthen, Schneestolz und Apollohyazinthe sind der zweite Blütenflor nach den Krokussen. Sie leiten über zur Tulpenblüte und können diese hervorragend begleiten. Da lassen sich üppige Frühlingsbilder schaffen. Sie passen auch sehr gut zu den Narzissen und den Kaiserkronen oder als Teppich unter blühenden Kirschbäumen oder Magnolien.

[c] ERSTE FARBE IM BEET Die Narzissen beginnen zu blühen. Mit Schneestolz als Begleiter zwischen den bereits ausgetriebenen Stauden wie Fetthenne und Schwertlilien bringen sie erste Farbe. Die begleitenden Gräser der Bepflanzung zeigen noch kaum grüne Halme.

DIE NATUR ERWACHT

mit einem Paukenschlag

Schneeglöckchen und Partner haben den Frühling angedeutet, der sich jetzt mit Narzissen, Hyazinthen und Tulpen und den frisch austreibenden Bäumen und Sträuchern in seiner vollen Pracht entfaltet.

DIE WICHTIGSTEN FRÜHLINGSBOTEN

Das Frühjahr ist der Höhepunkt der Geophytenblüte. Hyazinthen, Narzissen, Tulpen, Traubenhyazinthen, Windröschen, Blausterne, Blauglöckchen, Hundszahn, Präriekerzen, Steppenkerzen, Kaiserkronen, Frühlingsstern, Schachbrettblumen, die Liste ist lang und die Auswahl an Sorten ist immens. Sie alle zu beschreiben und zu erwähnen, ist hier leider nicht möglich. Es sind alle Farben und Formen vertreten und es kommen immer wieder neue hinzu. Dazu noch ein paar Sonnenstrahlen und der Garten fängt an zu leuchten. Vorausgesetzt natürlich, dass man im Herbst die Geophyten gepflanzt hat.

BEGLEITENDE GEHÖLZE UND STAUDEN

Gehölze gibt es ebenfalls in Hülle und Fülle: Forsythien, Zierkirschen, Obstbäume, Spiersträucher, Magnolien, Kastanien, Felsenbirnen, Scheinhasel, Blutjohannisbeeren, Seidelbast, Blauregen – sie alle sind wunderschön blühende Gerüstbildner für die Blumenzwiebeln. Das gilt auch für alle laubabwerfenden Sträucher, die um diese Jahreszeit mit ihrem frischen Grün neu austreiben. Auch die Stauden zeigen jetzt das erste Grün und bilden damit eine Kulisse für die Geophyten. Blattschmuckstauden wie Purpurglöckchen passen gut zu den Frühjahrsblühern.

Besonders schön sind als Partner frühblühenden Stauden wie Gold-Wolfsmilch mit ihren gelbgrünen Blüten, Schlüsselblumen, Veilchen, Bergenien und Gemswurz. Im Halbschatten bis Schatten sind Immergrün, Elfenspiegel, Salomonsiegel, Leberblümchen, Lungenkraut, Gefleckte Taubnessel und Günsel gelungene Begleitpflanzen für Narzissen. Im Steingarten kommen Blaukissen, Polster-Flammenblumen, Küchenschelle, Adonisröschen und Frühlingsfingerkraut mit den Tulpen zur Blüte. Auch zum Verwildern im Wiesenbereich sind Günsel und Wiesenschaumkraut geeignet zu Tulpen und Narzissen, ebenso die frühblühenden „Unkräuter" wie Löwenzahn, Scharbockskraut, Knoblauchrauke, Ehrenpreis und Gänseblümchen.

WICHTIGE ARBEITEN IM GARTEN

Im Frühling gibt es immer genügend Arbeit im Garten: aussäen, pikieren, topfen, pflanzen, umpflanzen, Stauden teilen, Winterschutz abräumen, Pflanzen aus dem Winterquartier holen und langsam an mehr Licht gewöhnen, die neuen Beete herrichten, Garten und Rasenflächen düngen, jäten, auf erste Schädlinge achten und diese bekämpfen. Da wird es nicht langweilig. Genauso wichtig ist aber auch der Spaziergang durch den Garten und die Freude an den vielen Blumen – einfach den Frühling genießen.

STINZENPFLANZEN Sie wurden vor allem im nördlichen Mitteleuropa in Herrenhäusern (Stinzen – Steinhäuser, friesisch) vom Menschen angesiedelt und haben sich durch Jahrhunderte hindurch im engen Raum dieser Häuser verbreitet. Dazu gehören sehr viele Geophyten wie Schneeglöckchen, Winterlinge, Krokusse, Herbstzeitlosen, Narzissen, Blausterne, Immergrün, Veilchen, Maiglöckchen, Aronstab, Traubenhyazinthen, Märzbecher und viele mehr.

[1.]

GARTENTULPEN

Züchtungen & Auslesen

Diese Tulpen-Klassen sind Züchtungen für die Verwendung im Garten. Sie kommen über lange Jahre hinweg jedes Jahr wieder.

[2.]

[3.]

DARWIN-HYBRIDE [1.]
Klasse 4
'Pink Impression'

Wuchs: Zwiebel mit dünner, brauner Schale
Blüte: April–Mai; auf kräftigen, langen Stielen, groß, weiß, rosa, rot, orange, gelb, violett, mehrfarbig, einfach; ca. 60 cm hoch
Blätter: groß, blaugrün
Herkunft: Kreuzungen aus Darwin-Tulpen × *Tulipa fosteriana*
Standort: sonnig–halbschattig; nährstoffreiche Gartenböden
Bemerkungen: im Garten sehr ausdauernde Sorten mit guter Standfestigkeit trotz der großen Blüten; als Schnittblumen weniger geeignet; zu den bedeutendsten Sorten gehören 'Apeldoorn' (orange-scharlach) und viele Farbvariationen wie z. B. 'Golden Apeldoorn' (gelb) und 'Beauty of Apeldoorn' (gelb mit roter Zeichnung)
Begleitpflanzen: Stauden, Gräser, Rosen

LILIENBLÜTIGE TULPEN [2.]
Klasse 6
'Mona Lisa'

Wuchs: Zwiebel mit dünner, brauner Schale
Blüte: Mai; einfach, groß, im geschlossenen Zustand schlank mit nach außen gebogenen Blütenspitzen, können sich weit öffnen, weiß, rosa, rot, orange, gelb, violett, teilweise mehrfarbig mit Zeichnung, dünne Stiele; ca. 60 cm hoch
Blätter: groß, blaugrün
Herkunft: Kreuzungen aus Darwin-Tulpen × alte Kultursorte 'Retroflexa'
Standort: sonnig–halbschattig, nährstoffreiche Gartenböden
Bemerkungen: im Garten gut ausdauernde Sorten, auch als Schnittblumen verwendbar; sehr viele Sorten, an denen seit etwa 1900 gezüchtet wird, neuere Züchtungen blühen auch gefüllt
Begleitpflanzen: Darwin-Hybride-Tulpen, Stauden, Rosen, Gräser, Frühlingsblüher, Traubenhyazinthen, Hyazinthen, Vergissmeinnicht, Gedenkemein, laubabwerfende Sträucher

FOSTERIANA-HYBRIDE [3.]
Klasse 13
'Flaming Purissima'

Wuchs: Zwiebel mit festerer, brauner Schale
Blüte: April–Mai; sehr groß, einfach, meist einfarbig mit leichten Schattierungen, leuchtende Farben, rot, orange, rosa, gelb, weiß, innen mit verschiedenen Zeichnungen an der Basis, auf kräftigen Stielen, sehr variabel; ca. 50 cm hoch
Blätter: groß, blaugrün bis glänzend grün, nur manchmal mit roter Zeichnung
Herkunft: Wildform aus Mittelasien,

Samarkand, Pamir, Alai-Gebirge, wahrscheinlich Kulturform
Standort: sonnig; nährstoffreiche Gartenböden
Bemerkungen: die älteren Sorten sind oft nur Auslesen aus der Wildform wie z. B. 'Madame Lefeber'; die Sorte 'Purissima' ist eine der besten weißen Tulpen, sie hat die meiste Ausdauer im Garten von den Botanischen Tulpen
Begleitpflanzen: Steingartenstauden, Präriestauden, Stauden und Gräser, laubabwerfende Sträucher

KAUFMANNIANA-HYBRIDE [4.]

Klasse 12
'Heart's Delight'

Wuchs: Zwiebel mit dünner brauner Schale
Blüte: März–April; die kelchförmigen Blüten öffnen sich sternförmig, Blütenblätter an der Basis sehr unterschiedlich gefärbt, außen oft karminrot gezeichnet, rosa, weiß, rot, gelb, orange; ca. 20 cm hoch
Blätter: manchmal rot gestreift, blaugrün
Herkunft: Wildform aus Mittelasien, Tian-Shan-Gebirge, Taschkent, Kreuzungen mit anderen botanischen Tulpen
Standort: sonnig; alle durchlässigen Gartenböden
Bemerkungen: gut geeignet für Schalen, im Steingarten und in Rabatten; eine der ersten größer blumigen Tulpen, die sich im Garten nur mäßig lang hält; sehr viele Sorten
Begleitpflanzen: Steingartenstauden, Frühjahrsblüher, Windröschen, Traubenhyazinthen, Gold-Wolfsmilch

GREIGII-HYBRIDE [5.]

Klasse 14
'Calypso'

Wuchs: Zwiebel mit dünner brauner Schale
Blüte: Mai; groß, meist mehrfarbig, gelb, rot, weiß, rosa, orange, auf kurzen Stielen; ca. 25 cm hoch
Blätter: dicht über dem Boden, blaugrün, rot gestreift oder gefleckt, dekorativ
Herkunft: Mittelasien, Tian-Shan-Gebirge bis Ural-Gebirge, Kaspisches Meer
Standort: sonnig; alle durchlässigen, nährstoffreichen Gartenböden
Bemerkungen: im Garten im Allgemeinen nicht sehr ausdauernd, beliebt für Schalen, Töpfe, Grabbepflanzungen, im Steingarten, viele Sorten, neuere auch in Violett
Begleitpflanzen: Steingartenstauden, Frühjahrsblüher wie Windröschen, Traubenhyazinthen, Zwerg-Narzissen, Stiefmütterchen, Hornveilchen, Veilchen, Goldlack

PAPAGEIEN-TULPEN [6.]

Klasse 10
'Black Parrot' & 'Fantasy'

Wuchs: Zwiebel mit dünner brauner Schale
Blüte: Mai; einfach, groß, Blütenblätter leicht auseinanderklaffend, am Rande stark eingeschnitten oder gedreht, in vielen Farben, weiß, gelb, rot, rosa, orange, violett, teilweise mehrfarbig; ca. 50 cm hoch
Blätter: groß, blaugrün
Herkunft: alte Kultursorten, aus Kreuzungen mit Darwin-Tulpen entstanden
Standort: sonnig, alle durchlässigen Gartenböden
Bemerkungen: alte Kulturpflanze, die seit dem 17. Jahrhundert bekannt ist, mit immer neuen Züchtungen; Pflanzen an windgeschützten Stellen kultivieren, da sie leicht umfallen; viele Sorten, teilweise auch mehrfarbig; die ersten mehrfarbigen Sorten waren auf einen Virus zurückzuführen, dies gilt nicht mehr für die neueren Züchtungen
Begleitpflanzen: andere Tulpen, Stauden, Frühlingsblüher, Vergissmeinnicht, Stiefmütterchen, Hornveilchen

[4.]

[5.]

[6.]

[1.]

NARZISSENARTEN

die wichtigsten Klassen

Sie gelangten mit den Tulpen in die Gartenkultur, haben am Anfang zwar nicht deren Bedeutung erlangt, sind aber heute wichtige Frühjahrsblüher.

[2.]

[3.]

GROSSKRONIGE NARZISSEN [1.]

Klasse 2
Narcissus Cultivars
'Pink Charme'

Wuchs: Zwiebel mit dünner, papierartiger Schale, oft mit Nebenzwiebel
Blüte: März–April; 1-blütig, sehr vielseitige Blütenfarben, ein- bis zweifarbig, weiß, gelb, orange, rosa; ca. 40–60 cm hoch
Blätter: länglich, blaugrün
Herkunft: durchweg Züchtungen
Standort: sonnig–halbschattig; alle nährstoffreichen Gartenböden
Bemerkungen: Schnitt- und Gartensorten, geeignet für Rabatten, Beete und den Gehölzrand, auch in Rasenflächen; zu dieser Klasse gehören die meisten Sorten; vor allem die Nebenkrone kann sehr unterschiedlich ausgeprägt zwischen kurz und ganz flach sein, teilweise auch kräftig orange
Begleitpflanzen: Gedenkemein, Vergissmeinnicht, Immergrün, Stauden, Gräser, Ziersträucher wie Forsythie, Spierstrauch, Blut-Johannisbeere, Zierquitten

TROMPETEN-NARZISSEN, OSTERGLOCKEN [2.]

Klasse 1
Narcissus Cultivars
'Arctic Gold'

Wuchs: Zwiebel mit dünner, papierartiger Schale, oft mit Nebenzwiebel
Blüte: März–April; klassische Osterglocke, mit 1 Blüte pro Stiel, in verschiedenen Farben, ein- oder zweifarbig, meist gelb, weiß, orange oder rosa; zwischen 20 und 60 cm hoch
Blätter: länglich, blaugrün
Herkunft: Züchtungen mit der Wildform *Narcissus pseudonarcissus*
Standort: sonnig–halbschattig; alle nährstoffreichen Gartenböden
Bemerkungen: beliebte Schnitt- und Gartenblume, kann im Beet, in Rabatten, im Rasen oder am Gehölzrand angesiedelt werden; Zwergsorten auch im Steingarten; sehr viele Sorten erhältlich
Begleitpflanzen: Gedenkemein, Golderdbeere, Vergissmeinnicht, Farne, Gräser, laubabwerfende Gehölze

KLEINKRONIGE NARZISSEN [3.]

Klasse 3
Narcissus Cultivars
'Barrett Browning'

Wuchs: Zwiebel mit dünner, papierartiger Schale, oft mit Nebenzwiebel
Blüte: April; sehr unterschiedlich ausgeprägte Blüten, weiß, gelb, zweifarbig, auch mit orange und rosa Nebenkronen, 1-blütig; ca. 40–60 cm hoch
Blätter: schmal lanzettlich, blaugrün
Herkunft: Züchtungen
Standort: sonnig–halbschattig, alle nährstoffreichen Gartenböden

Bemerkungen: nur wenige Sorten erhältlich; im Vergleich zu den anderen Klassen nicht so wüchsig; empfindlicher und weniger ausdauernd; sehr unterschiedlich ausgeprägte Blüten; verwendbar als Schnittblumen, in Rabatten, Beeten und am sonnigen Gehölzrand
Begleitpflanzen: Stauden, Gräser, Farne, laubabwerfende Ziersträucher

ALPENVEILCHEN-NARZISSEN [4.]

Klasse 6
Narcissus cyclamineus-Hybriden
'Jetfire'

Wuchs: Zwiebel mit dünner papierartiger Schale, oft mit Nebenzwiebel
Blüte: Februar–März, mit typisch nach hinten gebogenen Hauptblütenblättern, ein- bis zweifarbig, gelb, weiß, orange, rosa, nur 1 Blüte pro Stiel, leicht hängend; ca. 30–50 cm hoch
Blätter: länglich, grün, schmal
Herkunft: Züchtungen mit der Wildform *N. cyclamineus*, ursprünglich in NW-Spanien, NW-Portugal vorkommend, aber weitgehend ausgerottet
Standort: sonnig–halbschattig; auf frischen, feuchten, humosen Gartenböden, kühlere Standorte auch im Schlagschatten von Häusern, Mauern
Bemerkungen: blühen sehr früh und je nach Witterungsverlauf auch sehr lange, mit einer Vielzahl an Sorten beginnen sie den Blütenreigen der Narzissen, als Schnitt- und Gartenblumen in Beeten, Rabatten, im Steingarten, am Gehölzrand; im Moorbeet und in Schalen zu verwenden
Begleitpflanzen: Stauden, Gräser, Gehölze, Rhododendron, Lilien

JONQUILLEN-NARZISSEN [5.]

Klasse 7
Narcissus jonquilla-Hybriden
'Pipit'

Wuchs: Zwiebel mit dünner papierartiger Schale, oft mit Nebenzwiebel
Blüte: April–Mai, überwiegend mehrblütig, elegante Blüten, duftend, ein- oder zweifarbig, gelb, weiß, orange, rosa; ca. 50 cm hoch
Blätter: schmal, länglich, grün, früh austreibend
Herkunft: Züchtungen mit der Wildform *N. jonquilla* aus Spanien, Portugal
Standort: sehr sonnig; auf durchlässigen, gut drainierten, nährstoffreichen, kalkhaltigen Gartenböden
Bemerkungen: elegante Pflanzen, die weniger dichte Laubbündel bilden als die anderen Narzissen, teilweise starker Duft, deshalb weniger geeignet als Schnittblume; als Gartenpflanze in Beeten, Freiflächen, Steingarten, weniger im Rasen und am Gehölzrand zu verwenden
Begleitpflanzen: Tulpen, Vergissmeinnicht, Gold-Wolfsmilch, Lein, Lavendel, Zierlauch, Stauden, Gräser, Rosen

ENGELSTRÄNEN-NARZISSEN [6.]

Klasse 5
Narcissus triandrus-Hybriden
'Thalia'

Wuchs: Zwiebel mit dünner papierartiger Schale, oft mit Nebenzwiebel
Blüte: März–April; meist mehrblütig, hängend in einer Dolde, Nebenkrone glockenförmig mit gewelltem Rand, gelb, weiß, rosa, orange, ein- oder zweifarbig; ca. 40–50 cm hoch
Blätter: länglich, stumpf grün, flach, schmal
Herkunft: Kreuzungen mit der Wildform *N. triandrus* aus Spanien, Portugal, NW-Frankreich
Standort: sonnig–halbschattig; auf gut drainierten, nicht zu feuchten Gartenböden
Bemerkungen: schöne Blütenform, gut gedeihende Sorten in Rabatten, Beeten oder auch im Steingarten und am Gehölzrand, weniger im Rasen; viele Sorten erhältlich
Begleitpflanzen: Vergissmeinnicht, Hornveilchen, Veilchen, Stauden, Gräser, laubabwerfende Ziersträucher

[4.]

[5.]

[6.]

IM FRÜHLING
ist Pink Trumpf

Mandelbäume, Zierkirschen und Magnolien gehören zu den Bäumen, die mit Frühling gleich gesetzt werden. Dazu gibt es in den Farbnuancen viele Begleiter, die früher oder später bis in den Herbst hinein blühen.

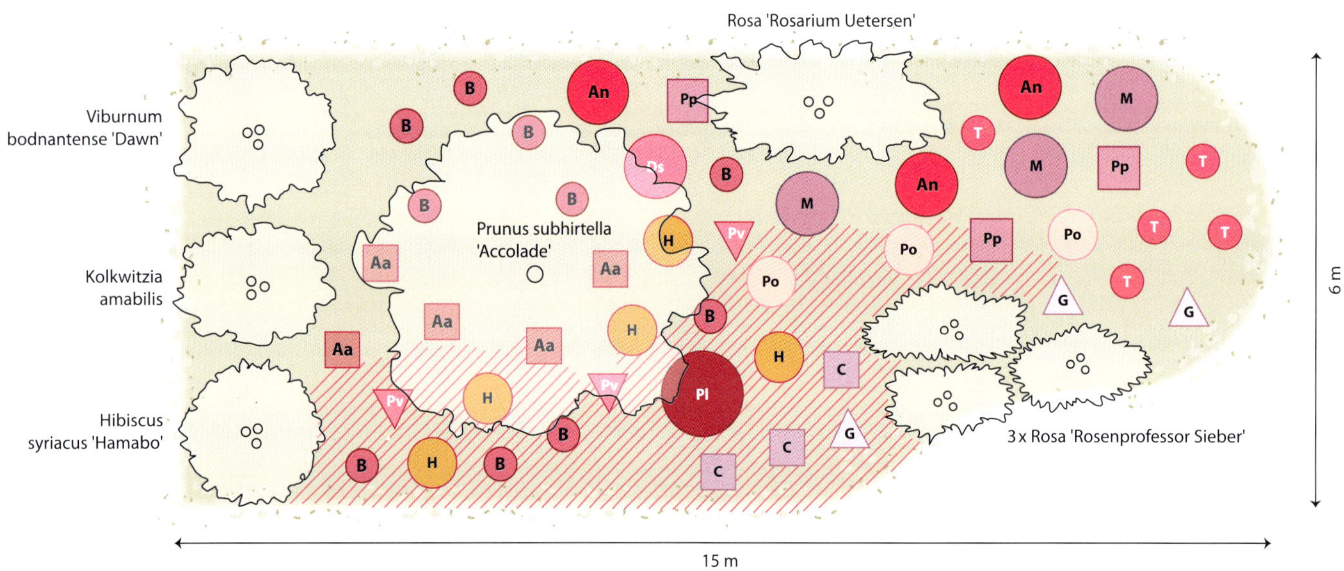

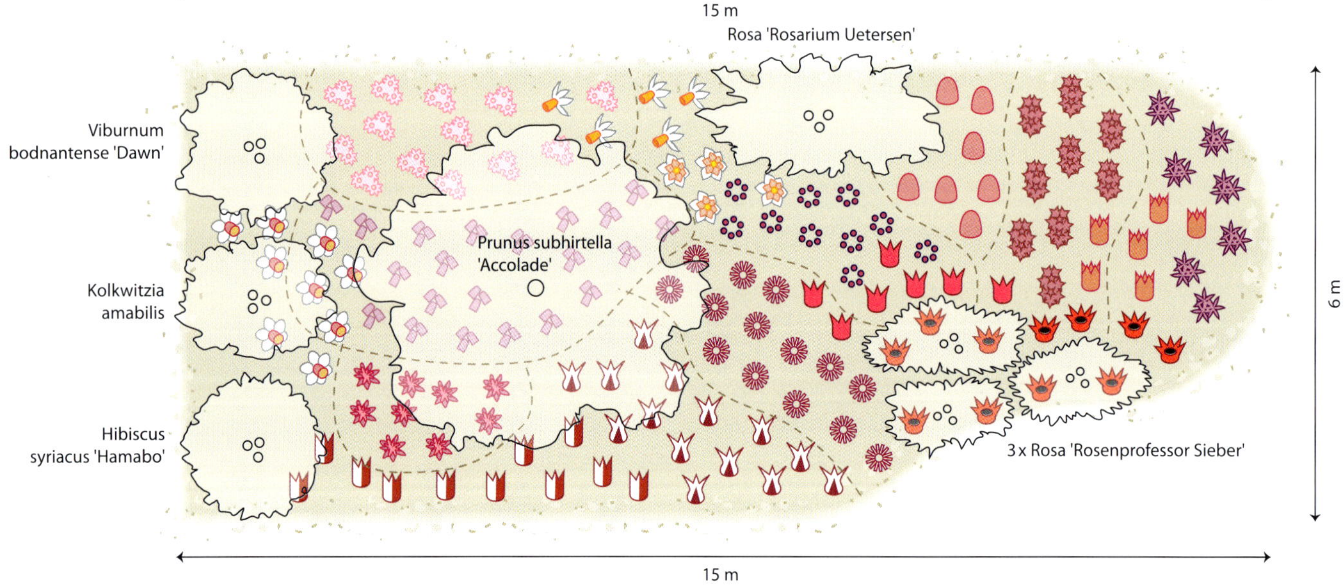

PINK IST TRUMPF

PFLANZENNAME	DARSTELLUNG & ANZAHL IM PLAN	VITA
Gehölze		
Eibisch *Hibiscus syriacus* 'Hamabo'	ausgeschrieben (1)	♄ ■ ✿ VI-IX ✂ II ↥ 1,5-2 ○-◑ 💧 ⤢ 1 m
Kolkwitzie *Kolkwitzia amabilis*	ausgeschrieben (1)	♄ ■ ✿ V-VI ↥ 2 ○-● ◇ ⤢ 0,5-1 m
Zierkirsche *Prunus* 'Accolade'	ausgeschrieben (1)	Baum ■ ✿ IV ↥ 3,5-6,5 ○ 💧 ⤢ 4 m
Strauchrose *Rosa* 'Rosarium Uetersen'	ausgeschrieben (1)	♃ ■ ✿ VI-X ✂ II ↥ 1,5-2,5 ○-◑ 💧 ⤢ 1 m
Beetrose *Rosa* 'Rosenprofessor Sieber'	ausgeschrieben (3)	♃ ■ ✿ VI-X ✂ II ↥ 0,7 ○-◑ 💧 ⤢ 50 cm
Schneeball *Viburnum bodnantense* 'Dawn'	ausgeschrieben (1)	♄ ■ ✿ XII-III ↥ 2-3 ○-◑ 💧 ⤢ 0,5-1 m
Stauden		
Herbstaster *Aster novae-angliae* 'Harrington Pink'	An (3)	♃ ■ ✿ IX-X ✂ II ↥ 1,5 ○ 💧 ⤢ 1 m
Prachtspiere *Astilbe × arendsii* 'Cattleya'	Aa (5)	♃ ■ ✿ VII-IX ✂ II ↥ 1 ◑ 💧 ⤢ 20-30 cm
Bergenie *Bergenia* 'Herbstblüte'	B (10)	♃ ■ ✿ III-IV/X-XI ✂ II/V ↥ 0,25-0,40 ○-◑ ◇ ⤢ 30 cm
Gartenchrysantheme *Chrysanthemum rubellum* 'Clara Curtis'	C (3)	♃ ■ ✿ IX-X ✂ II ↥ 0,6 ○ ◇ ⤢ 30-40 cm
Blut-Storchschnabel *Geranium sanguineum* 'Apfelblüte'	(15)	♃ □ ✿ V-IX ✂ IX ↥ 0,25 ○ ◇ ⤢ 30 cm
Schleierkraut *Gypsophila* 'Rosenschleier'	G (3)	♃ □ ✿ VII-VIII ↥ 0,3 ○ ◇ ⤢ 20-30 cm
Taglilie *Hemerocallis* 'Bed of Roses'	H (5)	♃ ■ ✿ VI-VIII ✂ II ↥ 0,6 ○ 💧 ⤢ 40-60 cm
Tränendes Herz *Dicentra spectabilis*	Ds (1)	♃ ■ ✿ V-VI ✂ VIII ↥ 0,8 ○-◑ 💧-🌢 ⤢ 70 cm
Indianernessel *Monarda fistulosa* 'Beauty of Cobham'	M (3)	♃ ■ ✿ VI-IX ✂ II ↥ 0,9 ○-◑ ◇ ⤢ 50-70 cm
Pfingstrose *Paeonia lactiflora* 'Bowl of Beauty'	Pl (1)	♃ ■ ✿ V-VI ✂ II ↥ 0,7 ○ 💧 ⤢ 80-100 cm

PFLANZENNAME	DARSTELLUNG & ANZAHL IM PLAN	VITA
Türkischer Mohn *Papaver orientale* 'Karine'	Po (3)	♃ □ ✿ V-VI ✂ VII ↥ 0,6 ○ ◇ ⤢ 60 cm
Flammenblume *Phlox paniculata* 'Bright Eyes'	Pp (3)	♃ ■ ✿ VII-IX ✂ II ↥ 0,7 ○ 💧 ⤢ 60-80 cm
Gelenkblume *Physostegia virginiana* 'Bouquet Rose'	Pv (3)	♃ ■ ✿ VII-X ✂ II ↥ 0,7 ○-◑ ◇ ⤢ 30 cm
Rosa Margarite *Tanacetum coccineum* 'Robinsons Rosa'	T (5)	♃ ■ ✿ V-VI ✂ II ↥ 0,9 ○ ◇ ⤢ 35-40 cm
Blumenzwiebeln		
Nickender Lauch *Allium cernuum*	(20)	♃ ■ ✿ VI-VII ✂ X ↥ 0,4 ○ ◇ ⤢ 20-30 cm
Zierlauch *Allium unifolium*	(20)	♃ ■ ✿ V-VI ↥ 0,25 ○ ◇ ⤢ 30 cm
Windröschen *Anemone blanda* 'Charmer'	(30)	♃ ■ ✿ II-IV ↥ 0,1-0,15 ○-◑ ◇ ⤢ 10-20 cm
Schneestolz *Chionodoxa forbesii* 'Rosea'	(30)	♃ ■ ✿ III ↥ 0,2 ○-◑ 💧 ⤢ 5 cm
Herbstzeitlose *Colchicum* 'Waterlily'	(5)	♃ ■ ✿ IX ↥ 0,2 ○ 💧-🌢 ⤢ 30 cm
Spanisches Hasenglöckchen *Hyacinthoides hispanica* 'Rose Queen'	(15)	♃ ■ ✿ VI ↥ 0,25-0,3 ○-● ◇ ⤢ 10 cm
Hyazinthe *Hyacinthus orientalis* 'Pink Pearl'	(10)	♃ ■ ✿ V ↥ 0,25 ○-◑ 💧 ⤢ 20-30 cm
Alpenveilchen-Narzisse *Narcissus* 'Cotinga'	(10)	♃ □■ ✿ III-IV ✂ VI ↥ 0,2-0,3 ○ 💧 ⤢ 15 cm
Splitt-Corona-Narzisse *Narcissus* 'Girl Power'	(10)	♃ ■ ✿ IV ✂ VI ↥ 0,35-0,4 ○ 💧 ⤢ 20-30 cm
Großkronige Narzisse *Narcissus* 'Pink Charm'	(10)	♃ □■ ✿ IV ✂ VI ↥ 0,4 ○ 💧 ⤢ 20-30 cm
Darwin Hybride-Tulpe *Tulipa* DH 'Pink Impression'	(20)	♃ ■ ✿ V ✂ VI ↥ 0,55 ○ ◇ ⤢ 15-20 cm
Gefüllte Frühe Tulpe *Tulipa* GF 'Peach Blossom'	(x)	♃ ■ ✿ IV-V ✂ VI ↥ 0,3 ○ 💧 ⤢ 10-15 cm
Zwerg-Tulpe *Tulipa humilis* 'Violacea Black Base'	(20)	♃ ■ ✿ V ↥ 0,1-0,2 ○ 💧 ⤢ 10-15 cm
Lilienblütige Tulpe *Tulipa* LB 'China Pink'	(10)	♃ ■ ✿ V ✂ VI ↥ 0,5-0,6 ○ 💧 ⤢ 15-20 cm
Lilienblütige Tulpe *Tulipa* LB 'Marylin'	(10)	♃ ■□ ✿ V ✂ VI ↥ 0,5-0,6 ○ 💧 ⤢ 15-20 cm
Triumph-Tulpe *Tulipa* TT 'Hemisphere'	(20)	♃ ■ ✿ IV-V ✂ VI ↥ 0,35-0,6 ○ 💧 ⤢ 10-15 cm

♃ Staude ♄ Strauch Baum ■ Blütenfarben
✿ Blütenmonate ✂ beste Rückschnittzeit
↥ Höhe in m Standort ○ hell ◑ Halbschatten ● Schatten
Wasserbedarf 🌢 groß 💧 mittel ◇ gering ⤢ Pflanzabstand

ZWISCHEN FRÜHLING

und Sommer

Die Hauptblütezeit der Zwiebelgewächse ist vorbei, wenige Ausnahmen überbrücken die Zeit bis zum Flor der meist nicht winterharten Vertreter im Sommer. Das ist die Zeit des Zierlauchs und der Steppenkerzen.

DIE WICHTIGSTEN GEOPHYTEN

Die Hybriden der Steppenkerzen, die Präriekerzen und vor allem die vielen Zierlaucharten sind die wichtigsten Geophyten im Vorsommer. Sie sorgen für Farbe vor allem in Kombinationen mit den spätblühenden Präriepflanzen, Astern, herbstblühenden Stauden und Gräsern. Feuerwerksblume, Blaue Triteleie und Honiglauch sind weniger bekannte Geophyten, die vor allem in wärmeren Regionen gut gedeihen und in dieser Zeit zum Blühen kommen. In kühleren Gebieten blüht jetzt noch *Tulipa sprengeri* mit leuchtend roten, kleineren Blüten.

BEGLEITENDE GEHÖLZE UND STAUDEN

Blühende Gehölze gibt es in dieser Zeit in großer Auswahl. Linde und Tulpenbaum tragen jetzt Blüten. Weigelien, Falscher Jasmin, Deutzien, Perückenstrauch und Perlmuttstrauch sorgen in bunten Hecken für Farbe. Als Solitärstrauch blüht noch der japanische Blumenhartriegel. Dazu kommen die ersten Rosen und die Fingerkräuter, die dann den ganzen Sommer über blühen. Bei den Stauden gibt es eine ganze Fülle an Pflanzen, die jetzt im Beet das Sagen haben. Dazu gehören Pfingstrosen, Schwertlilien, Türkischer Mohn, Glockenblumen, Taglilien, Rittersporn, Lupinen, Flammenblumen und Fackellilien. Begleitet werden sie von Goldfelberich, Frauenmantel, Waldanemone, Katzenminze, Silberwurz, Astilben, Akelei, Glockenblumen, Margeriten, Staudenlein, Schafgarben, Silberwurz, Storchschnabel, Salbei, Lavendel und Thymian, um nur die wichtigsten Pflanzen zu nennen. Viele dieser Stauden gibt es zudem noch mit einer Vielzahl an Sorten und Farbvarianten. Da geht die Blütenfülle weiter bis zur nächsten Welle im Sommer. Sie alle eignen sich als Partner zu den frühen Zwiebelgewächsen, die jetzt bei warmer Witterung sehr schnell einziehen. Man geht öfter über die Beete, um die welken Blätter herauszuziehen, diese stören dann zwischen den nun blühenden Stauden. Pflanzen wie Funkien, Geißbart oder Tafelblatt haben jetzt so große Blattmassen gebildet, dass unter ihnen die welkenden Zwiebelblätter verschwinden.

Um diese Jahreszeit blühen von den Gräsern die Schneemarbel, das Reitgras und die ganzen Schwingel.

Margeriten, Salbei, Glockenblumen, Storchschnabel, Esparsette und Milchsterne können als Blumenwiese die Fläche einnehmen, in der zuvor Geophyten blühten. So werden die Blätter der Geophyten nicht zu früh abgemäht.

ARBEITEN IM GARTEN

Wichtig ist in der Zeit, die Bäume auf Schädlinge hin zu kontrollieren. Jetzt werden auch die zweijährigen Zierpflanzen für die Herbstbepflanzung ausgesät. Die ersten abgestorbenen Zwiebeln können ausgegraben und zur Trockenlagerung vorbereitet werden. Bleibt das lästige Entfernen von Unkräutern; Mäusegerste, Berufkraut und Rotklee blühen jetzt und sollten entfernt werden, damit sie sich nicht ausbreiten. Gießen ist genauso angesagt wie Rasen mähen und unbedingt auch genießen – es ist Erdbeer- und Rhabarberzeit.

↘ SO GEHT'S

[a] BEEINDRUCKENDE KUGELN Viele Zierlauch-Arten haben imposante Blütenstände. Allerdings wird zur Blütezeit das Laub bereits gelb. Sie mit Partnern zu kombinieren, die das verdecken, ist für ihre Verwendung immer eine Herausforderung. Dennoch dürfen vor allem die Lauch-Arten in den Gärten nicht fehlen.

[b] LOCKERE BLAUE BLÜTENTRAUBEN Die Präriekerzen geben den Ton an. Die anderen Geophyten sind nur noch mit dem Laub vorhanden. In dieser Präriepflanzung fangen die Stauden und Gräser erst jetzt richtig an zu wachsen. Sie überdecken hinterher die spät einziehenden Präriekerzen.

[c] HOCH HINAUS Die Steppenkerzen mit ihren etwa 2 m hohen Blütenständen überragen ein üppig bepflanztes Staudenbeet, in dem die Samenstände von Zierlauch und abgeblühte Pfingstrosen nicht stören. Sie hatten zuvor das Sagen in dieser Kombination und ordnen sich jetzt unter.

[1.]

[2.]

[3.]

KUGELFORMEN

Immer imposant

Die Auswahl an Lauch-Arten, sei es als Nutz- oder Zierpflanzen, ist riesig. Ihre Blütenstände sind immer faszinierend und gut als Schnittblumen verwendbar.

STERNKUGEL-LAUCH [1.]

Allium christophii

Wuchs: rundliche Schale mit papierartiger Schale
Blüte: Mai–Juni; große, vielblütige, runde Dolde, Einzelblüten auf ca. 11 cm langen Stielen, sternförmig, hell purpurviolett; bis ca. 40 cm hoch
Blätter: 2–7, riemenförmig, bläulich grün, bis 40 cm lang, ziehen zur Blütezeit bereits ein
Herkunft: Iran–Türkei
Standort: sonnig; durchlässige Gartenböden
Bemerkungen: Blütenstände nach der Blüte abschneiden und trocknen; leicht zu kultivierende Art, die sich über Tochterzwiebeln und Aussaat verbreiten kann; nicht zu dicht pflanzen, damit die Blütenstände auch zur Wirkung kommen
Begleitpflanzen: polster-, teppichbildende Pflanzen wie Stachelnüsschen, Fetthenne, Thymian, Steingartenstauden, Präriestauden

ZIER-LAUCH [2.]

Allium schubertii

Wuchs: rundlich bis eiförmige Zwiebel mit lederartiger Schale
Blüte: Juni–Juli; vielblütige Dolde, die Blüten sind auf unterschiedlich langen Stielen sitzend, sternförmig, hellviolett oder zartrosa; bis ca. 60 cm hoch
Blätter: breit, länglich, bis 45 cm lang, grundständig, ziehen bei der Blüte ein
Herkunft: östlicher Mittelmeerraum bis Mittelasien
Standort: sonnig; nährstoffreiche, durchlässige Gartenböden, in wärmeren Regionen frosthärter
Bemerkungen: in kalten Regionen besser im Kalthaus kultivieren, schön ist vor allem der getrocknete Blütenstand, der an Wunderkerzen erinnert
Begleitpflanzen: teppichbildende Pflanzen wie Thymian, Fetthenne, Stachelnüsschen

KUGEL-LAUCH [3.]

Allium sphaerocephalon

Wuchs: rundliche Zwiebel mit weißer, membranartiger Schale
Blüte: Juni–Juli, viele Blüten in dichter, kegelförmiger Dolde, dunkel rötlichviolett; 50–90 cm hoch
Blätter: lang, hohl, umfassen bis zur Hälfte den Stiel, ziehen zur Blütezeit ein
Herkunft: Europa, NW-Asien
Standort: sonnig; durchlässige Gartenböden
Bemerkungen: gute Schnittblume, wirkt gut zwischen höheren Stauden
Begleitpflanzen: Schleierkraut, Silbergarbe, Katzenminze, Strandflieder, Bergminze, Thymian, Salbei, Gräser

PAUKENSCHLÄGER-LAUCH [4.]

Allium rosenbachianum

Wuchs: rundliche Zwiebeln mit heller Schale

Blüte: Mai–Juni, in mehr oder weniger dichten, kugeligen Dolden, je nach Sorte unterschiedliche Farben wie Weiß, Violett, Dunkelviolett und Höhen

Blätter: riemenförmig, blaugrün, ziehen meist zur Blütezeit ein

Herkunft: Kreuzungen mit *A. atropurpureum, A. giganteum, A. stipitatum, A. christophii, A. aflatunense*

Standort: sonnig; durchlässige, nährstoffreiche Gartenböden

Bemerkungen: diese Sorten sind alle wesentlich leichter zu kultivieren als der Riesen-Lauch *(A. giganteum)* und teilweise auch die Wildformen; sie sind alle gute Schnittblumen und gedeihen in Beeten, Rabatten und Freiflächen; empfehlenswerte Sorten sind: 'Gladiator' (purpurrosa, 170 cm, Mai–Juni), 'Globemaster' (asternviolett, 90 cm, Juni), 'Lucy Ball' (violettpurpurfarben, 100 cm, Mai–Juni), 'Mars' (dunkelviolett, 150 cm, Mai–Juni), 'Pinball Wizzard' (dunkelviolett, 90 cm, Mai–Juni, hält lange das Laub), 'Summer Drummer' (Neuheit: violett, dichte kleine Dolde, 180 cm, Juli–August), 'Ambassador' (dunkelviolett, 100 cm, Mai–Juni)

Begleitpflanzen: Türkischer Mohn, Schwertlilien, Beetstauden, Schafgarbe, Astern, Rittersporn, Steppenkerzen, Präriekerzen, Gräser

BERG-LAUCH [5.]

Allium senescens

Wuchs: flaschenförmige Zwiebeln auf einem kurzen Rhizom zusammengedrängt

Blüte: Juli–August, halbkugelige Dolde bis ca. 45 cm hoch; violette Einzelblüten

Blätter: 4–9, flach, grundständig, bis 30 cm lang

Herkunft: Europa, Mittelasien bis Sibirien

Standort: sonnig; trockene, durchlässige Gartenböden

Bemerkungen: bildet dichte Horste, mit einer langen Blütezeit, eignet sich gut im Steingarten, da dort zu der Zeit wenig andere Pflanzen blühen

Begleitpflanzen: Steingartenstauden, Thymian, Salbei, Schleierkraut, Bergminze, polster- und teppichbildende Stauden, Gräser

SCHWARZER LAUCH [6.]

Allium nigrum

Wuchs: eiförmige Zwiebel mit membranartiger Schale

Blüte: April–Juni; weiße, sternförmige Blüten mit grüner Mittelrippe an 3–5 cm langen Stielen, teilweise dunkelpurpurne oder grüne Fruchtknoten, kräftiger Stiel, halbkugelige, gedrückte Dolde, schwach duftend; ca. 90 cm hoch

Blätter: 3–8, breit, bis zu 50 cm lang, ziehen bei der Blüte ein

Herkunft: S-Europa, N-Afrika, W-Asien

Standort: sonnig; durchlässige Gartenböden

Bemerkungen: hat in der Wildform teilweise schwarze Tochterzwiebeln in der Dolde und kann sich damit sehr stark ausbreiten; sehr gute Schnittblume; im Beet und in Freiflächen zu verwenden

Begleitpflanzen: Salbei, Lavendel, Katzenminze, Strandflieder, Türkischer Mohn, Rosen

[4.]

[5.]

[6.]

[1.]

FRÜHSOMMERBOTEN

Schöne Unbekannte

Diese Pflanzen verdienen eigentlich mehr Beachtung im Garten. Sie sind zwar nicht so leicht zu kultivieren wie viele andere, aber immer einen Versuch wert.

[2.]

[3.]

LEICHTLIN'S PRÄRIELILIE [1.]

Camassia leichtlinii

Wuchs: eiförmige bis fast rundliche Zwiebel, mit hellbrauner Schale
Blüte: Mai–Juni; cremeweiß oder blau bis violett, in lockerer Traube; bis ca. 120 cm hoch
Blätter: 4–6, leuchtend grün, bis zu 60 cm lang, grundständig in einer Rosette, ziehen spät ein
Herkunft: USA, westliche Rocky Mountains
Standort: sonnig; feuchte, torfige, humose Böden
Bemerkungen: ist mit einigen Sorten im Handel; von der cremeweißen Form gibt es auch gefüllte und halbgefüllte Pflanzen
Begleitpflanzen: Präriestauden wie Sonnenhut, Roter Sonnenhut, Gräser

FEUERWERKSBLUME [2.]

Dicholestemma ida-maia

Wuchs: Knolle mit faseriger Hülle
Blüte: Juni–Juli, rote lange Röhre mit zurückgebogenen grünen Spitzen, innen weiß, in einer Dolde, ca. 60 cm hoch
Blätter: lang, linealisch, grasartig, deutlich sichtbare Nervatur
Herkunft: USA, Oregon, Kalifornien
Standort: sonnig–halbschattig; sehr gut durchlässige Böden
Bemerkungen: nur im Weinbauklima oder an sehr warmen Stellen im Garten sicher winterhart, ansonsten Winterschutz notwendig; gute Schnittblume; Vermehrung erfolgt am besten über Brutzwiebeln, nicht ganz einfach aus Samen zu kultivieren
Begleitpflanzen: niedrige Gräser, trockenheitsliebende, niedrige Stauden

BLAUE TRITELEIE [3.]

Triteleia laxa

Wuchs: eiförmige Zwiebel mit fester brauner Schale
Blüte: Mai–Juli; blau, 6 in einer Dolde, Blütenstiele bis 9 cm lang; bis ca. 70 cm hoch
Blätter: 1–3, grundständig, linealisch, kielförmig, mit sichtbaren Adern
Herkunft: USA, Kalifornien, S-Oregon
Standort: sonnig, warm, Weinbauklima; durchlässige Gartenböden, im Frühjahr feuchter
Bemerkungen: in kälteren Regionen nur als Sommerblume ausdauernd; sehr gute Schnittblume; sie ist die am leichtesten zu kultivierende Art, die am häufigsten angeboten wird seit etwa 1830, vor allem die Sorte 'Königin Fabiola' mit hellvioletten Blüten mit dunklerem Mittelstreifen, oft auch als *Brodiaea laxa* im Handel
Begleitpflanzen: Perlkörbchen, Färberkamille, Palmlilien, Fetthenne, Kakteen, Steingarten, Steppenpflanzen, niedere Gräser

STEPPENKERZEN [4.]

Eremurus-Hybriden

Wuchs: fingerartiges, spinnenförmiges, dickfleischiges Rhizom, um die Knospe ein Kranz aus alten Blattresten
Blüte: Juni, viele Blüten an einem unverzweigten Stiel, in Trauben, weiß, gelb, rosa, orange, bronzefarben, rosa, pastellfarben, 100–150 cm hoch
Blätter: grundständig, rosettenförmig angeordnet, schmal, lang, graugrün
Herkunft: Kreuzungen aus *E. stenophyllus* × *E. olgae,* beide aus Mittelasien stammend
Standort: sonnig; durchlässige, nährstoffreiche Böden, am besten leichte Hanglage
Bemerkungen: die Steppenkerzen haben eine lange Blütezeit, da sie unten an der Traube anfangen zu blühen und dann abschnittsweise nach oben weiterblühen, dabei schiebt sich der Stiel immer weiter in die Höhe; sehr gute Schnittblumen, die Züchtungen gedeihen bei uns besser als die Wildarten, sie kommen sicherer wieder zum Blühen
Begleitpflanzen: Pfingstrosen, Türkischer Mohn, Schwertlilien, Ochsenauge, Atlas-Schwingel

HONIG-LAUCH [5.]

Nectaroscordum siculum

Wuchs: Zwiebel mit dünner Haut
Blüte: Mai–Juni; an ungleich langen Stielen, erst hängend, bei Fruchtansatz aufrecht, in lockerer Dolde, cremefarben, grünlich überlaufen, an der Außenseite oft deutliche rosa Zeichnung, glockenförmig; ca. 80 cm hoch
Blätter: linealisch, grundständig, ziehen erst nach der Blüte ein
Herkunft: S-Europa
Standort: sonnig–halbschattig; alle Gartenböden
Bemerkungen: wird oft auch der Gattung *Allium* zugeordnet, unterscheidet sich aber im Fruchtknoten und den Samenanlagen; verbreitet bei Verletzungen einen Zwiebelgeruch; gute Schnittblume; kann unter guten Bedingungen durch Aussaat und Brutzwiebeln lästig werden; viel zu wenig bekannte Pflanze, die mit ihren eigenwilligen Farbkombinationen wohl nicht immer leicht zu verwenden ist
Begleitpflanzen: Stauden, Gräser, vor geschnittenen Hecken oder Mauern

MILCHSTERN [6.]

Ornithogalum saundersiae

Wuchs: Zwiebel
Blüte: Juli–August; in dreieckigem Blütenstand mit vielen weißen oder cremeweißen Blüten, Fruchtknoten schwarz oder grün; ca. 120 cm hoch
Blätter: 6–8, grundständig, bandförmig, breit, dunkelgrün, an der Oberseite glänzend
Herkunft: S-Afrika
Standort: sonnig; durchlässige Gartenböden; nicht winterhart
Bemerkungen: gute Schnittblume; kann als Sommerblume in Staudenrabatten ergänzt werden; im Herbst ausgraben und frostfrei überwintern; ähnlich ist auch *O. arabicum* mit wohlriechenden, großen Blüten, die nicht ganz so hoch wird und deshalb auch als Topfpflanze geeignet ist
Begleitpflanzen: Sommerblumen, Stauden, Gräser

[4.]

[5.]

[6.]

LANGSAM WIRD ES BUNT

Der Frühsommer

Orange, zart oder kräftig, vermittelt Wärme und leuchtet im Garten, nicht nur im Frühjahr sondern bis in den Herbst hinein, wenn dieser Farbton auch noch von Früchten oder Blättern übernommen wird.

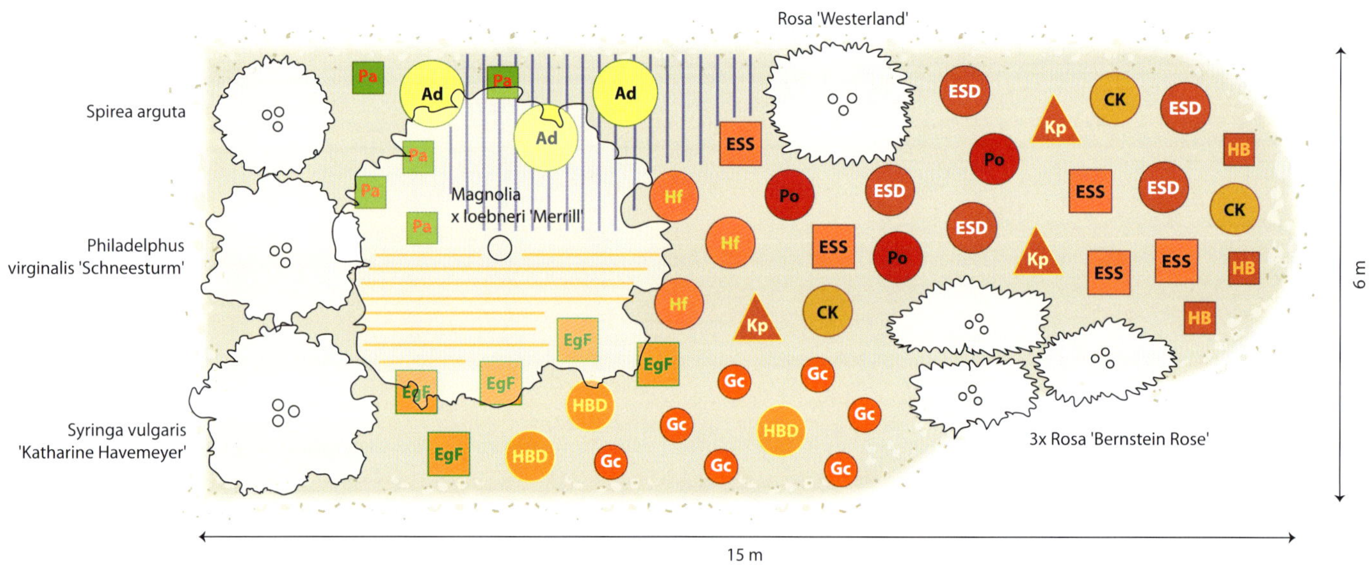

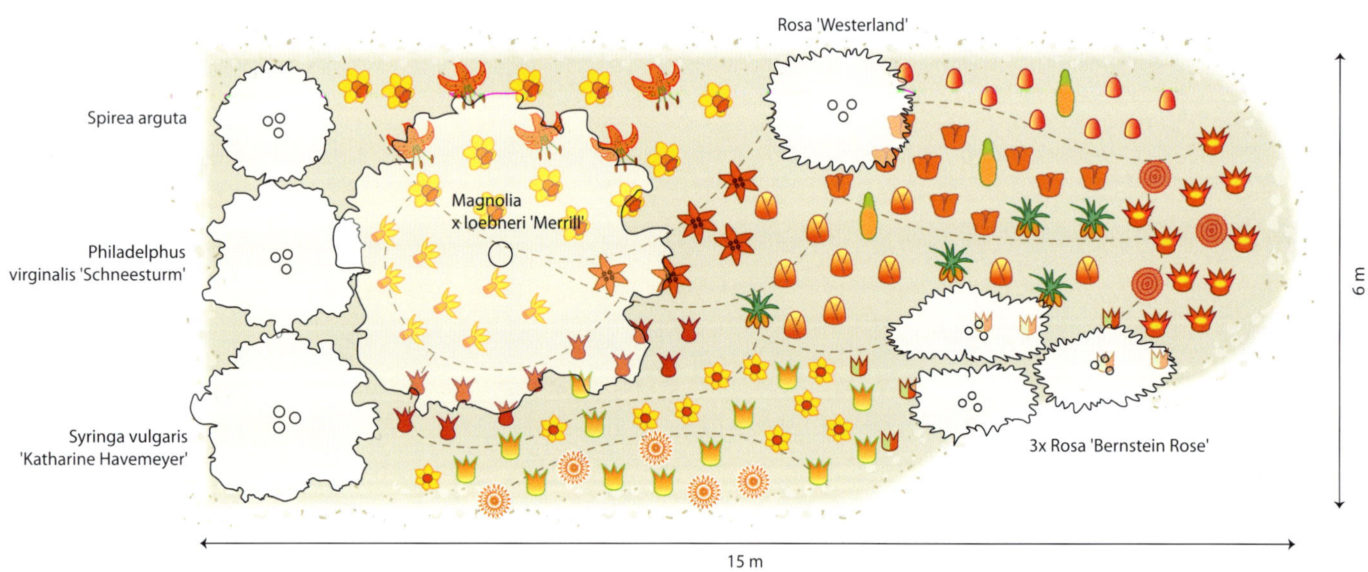

LANGSAM WIRD ES BUNT

PFLANZENNAME	DARSTELLUNG & ANZAHL IM PLAN	VITA
Gehölze		
Großblumige Magnolie *Magnolia × loebneri* 'Merrill'	ausgeschrieben (1)	♄̶ □ ✿ IV-V ↥ 5-7 ○-◑ ⬙ ⤢ 3-5 m
Brautspiere *Spiraea arguta*	ausgeschrieben (1)	♄ □ ✿ IV-V ✂ VI ↥ 1,5-2 ○-◑ ◊ ⤢ 50-70 cm
Sommerjasmin *Philadelphus virginalis* 'Schneesturm'	ausgeschrieben (1)	♄ □ ✿ VI-VII ✂ II ↥ 2-3 ○-◑ ◊ ⤢ 1-1,5 m
Flieder *Syringa vulgaris* 'Katharine Havemeyer'	ausgeschrieben (1)	♄ ■ ✿ V-VI ↥ 4-6 ○ ◊ ⤢ 2-3 m
Beetrose *Rosa* 'Bernstein Rose'	ausgeschrieben (3)	♃ ■ ✿ VI-IX ✂ II ↥ 0,5-0,8 ◑ ⬙ ⤢ 40 cm
Strauchrose *Rosa* 'Westerland'	ausgeschrieben (1)	♃ ■ ✿ VI-XI ✂ II ↥ 1-1,5 ○ ⬙ ⤢ 50 cm
Stauden		
Wald-Geißbart *Aruncus dioicus*	Ad (3)	♃ □ ✿ VI-VII ✂ II ↥ 1,5-1,8 ◑-● ⬙-♦ ⤢ 1 m
Gartenchrysantheme *Chrysanthemum-Indicum*-Hybride 'Kleiner Bernstein'	CK (3)	♃ ■ ✿ IX-XI ✂ II ↥ 0,5 ○ ⬙ ⤢ 40 cm
Oranger Sonnenhut *Echinacea purpurea* 'Sundown'	ESD (5)	♃ ■ ✿ VII-IX ✂ II ↥ 0,9 ○ ◊ ⤢ 40 cm
Oranger Sonnenhut *Echinacea purpurea* 'Sunset'	ESS (5)	♃ ■ ✿ VII-IX ✂ II ↥ 0,7-0,8 ○ ◊ ⤢ 30 cm
Himalaja-Wolfsmilch *Euphorbia griffithii* 'Fireglow'	EgF (5)	♃ ■ ✿ V-VI ✂ II ↥ 0,7 ○ ◊ ⤢ 40 cm
Nelkenwurz *Geum coccineum* 'Werner Arends'	Gc (7)	♃ ■ ✿ V-VII / IX-X ✂ VIII ↥ 0,25 ○ ◊ ⤢ 20 cm
Sonnenröschen *Helianthemum* 'Bronzeteppich'	HB (3)	♃ ■ ✿ V-VII ↥ 0,15 ○ ◊ ⤢ 20 cm
Taglilie *Hemerocallis × hybrida* 'Burning Daylight'	HBD (3)	♃ ■ ✿ VII-VIII ↥ 0,6 ○ ◊ ⤢ 60 cm
Taglilie *Hemerocallis fulva*	Hf (3)	♃ ■ ✿ VI-VII ✂ II ↥ 0,8-1,2 ○-◑ ◊ ⤢ 70 cm

PFLANZENNAME	DARSTELLUNG & ANZAHL IM PLAN	VITA
Fackellilie *Kniphofia praecox* (syn. *uvaria*)	Kp (3)	♃ ■ ✿ VII-IX ✂ X ↥ 0,6-1,1 ○ ◊ ⤢ 50 cm
Türkischer Mohn *Papaver orientale* 'Türkenlouis'	Po (3)	♃ ■ ✿ V-VI ✂ VII ↥ 0,8 ○ ◊ ⤢ 60 cm
Lampionblume *Physalis alkekengi* var. *franchetii*	Pa (5)	♃ □■ ✿ VI / IX-XI ✂ II ↥ 0,8 ○-◑ ◊ ⤢ 40 cm
Etagenprimel *Primula bulleyana*	(10)	♃ ■ ✿ VI-VIII ↥ 0,1-0,3 ◑ ⬙ ⤢ 30 cm
Immergrün *Vinca minor* 'Bowles'	(10)	♃ ■ ✿ IV-V ↥ 0,15 ◑-● ⬙ ⤢ 30 cm
Blumenzwiebeln		
Ball-Dahlie *Dahlia* 'Snooker Orange'	(5)	♃ ■ ✿ VII-X ✂ XI ↥ 0,8-1 ○ ◊ ⤢ 40-60 cm
Ball-Dahlie *Dahlila* 'Orange Fox'	(3)	♃ ■ ✿ VII-X ✂ XI ↥ 0,8-1 ○ ◊ ⤢ 40-60 cm
Steppenkerze *Eremurus* 'Pinokkio'	(3)	♃ ■ ✿ VI-VII ✂ VIII ↥ 1,3 ○ ◊ ⤢ 60 cm
Kaiserkrone *Fritillaria imperialis* 'Premier'	(5)	♃ ■ ✿ V ✂ VI ↥ 0,9 ○ ◊ ⤢ 40 cm
Lilie *Lilium* 'Abbeville Pride'	(5)	♃ ■ ✿ VII-VIII ✂ X ↥ 0,8 ○ ◊ ⤢ 30 cm
Riesen-Türkenbund *Lilium henryi*	(5)	♃ ■ ✿ VII-VIII ✂ X ↥ 1,4-2 ○-◑ ⬙ ⤢ 30 cm
Großkronige Narzisse *Narcissus* 'Fortissimo'	(10)	♃ ■ ✿ IV ✂ VI ↥ 0,5 ○-◑ ⬙ ⤢ 20-30 cm
Alpenveilchen-Narzisse *Narcissus* 'Jetfire'	(10)	♃ ■■ ✿ III-IV ✂ VI ↥ 0,25 ○-◑ ⬙ ⤢ 10-20 cm
Jonquilla-Narzisse *Narcissus* 'Suzy'	(10)	♃ □■ ✿ IV-V ✂ VI ↥ 0,3 ○ ◊ ⤢ 10-20 cm
Darwin-Hybride-Tulpe *Tulipa* DH 'Blushing Apeldoorn'	(10)	♃ ■ ✿ IV-V ✂ VI ↥ 0,55 ○ ◊ ⤢ 15-20 cm
Darwin-Hybride-Tulpe *Tulipa* DH 'Daydream'	(10)	♃ ■ ✿ III-V ✂ VI ↥ 0,5 ○ ◊ ⤢ 15-20 cm
Einfache Frühe Tulpe *Tulipa* EF 'General de Wet'	(10)	♃ ■ ✿ V ✂ VI ↥ 0,4 ○ ◊ ⤢ 10-15 cm
Fosteriana-Tulpe *Tulipa fosteriana* 'Juan'	(10)	♃ ■ ✿ V ✂ VI ↥ 0,45 ○ ◊ ⤢ 25 cm
Fosteriana-Tulpe *Tulipa fosteriana* 'Orange Emperor'	(10)	♃ ■ ✿ IV-V ✂ VI ↥ 0,4 ○ ◊ ⤢ 25 cm
Lilienblütige Tulpe *Tulipa* LB 'Ballerina'	(20)	♃ ■ ✿ V ✂ VI ↥ 0,5 ○ ◊ ⤢ 15-20 cm
Feuer-Tulpe *Tulipa whittallii*	(20)	♃ ■ ✿ IV ✂ VI ↥ 0,25-0,3 ○ ◊ ⤢ 10-20 cm

♃ Staude ♄ Strauch ♄̶ Baum ■ Blütenfarben
✿ Blütenmonate ✂ beste Rückschnittzeit
↥ Höhe in m Standort ○ hell ◑ Halbschatten ● Schatten
Wasserbedarf ♦ groß ⬙ mittel ◊ gering ⤢ Pflanzabstand

HIMMLISCHES BLAU

mit Grüntönen

Rein blaue Beete wirken manchmal kühl und doch ist die Farbe Blau eine ganz wichtige Kombinationsfarbe – laut Karl Förster, dem bedeutenden deutschen Staudenzüchter, der „Schatz der Gärten".

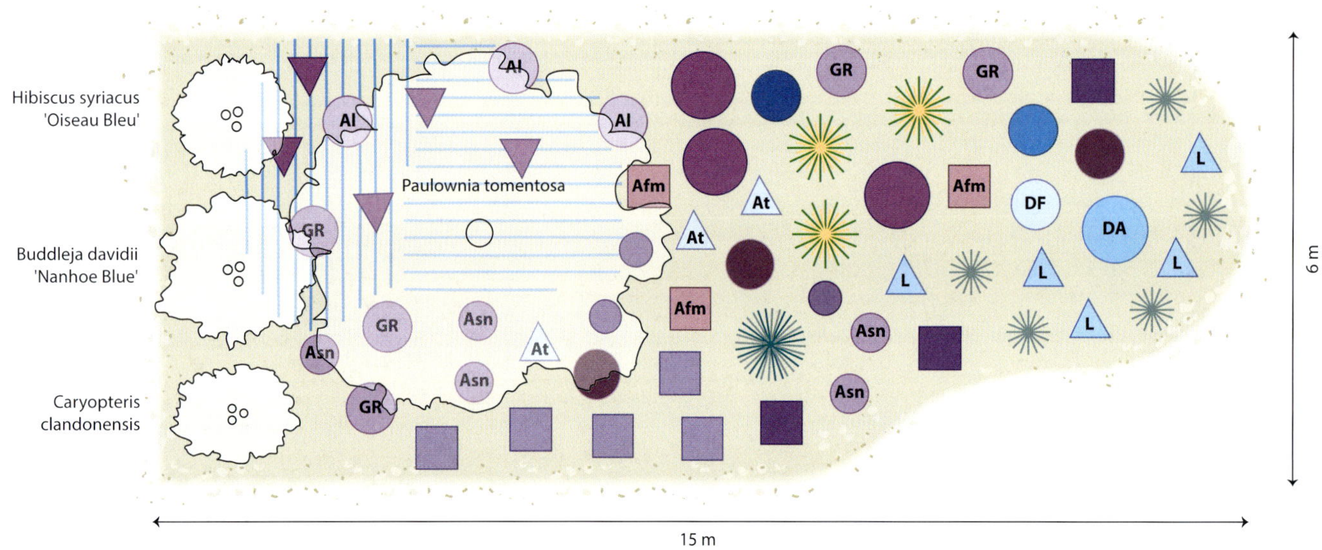

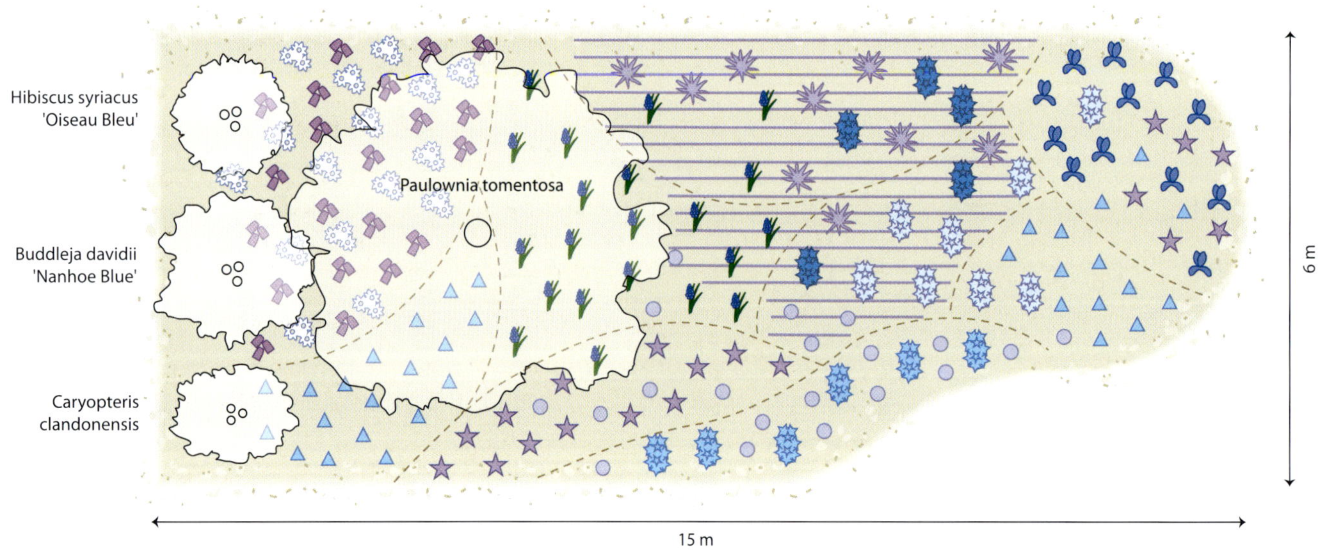

HIMMLISCHES BLAU

PFLANZENNAME	DARSTELLUNG & ANZAHL IM PLAN	VITA
Gehölze		
Schmetterlingsstrauch *Buddleja davidii* 'Nanhoe Blue'	ausgeschrieben (1)	ħ ■ ✿ VII-X ✂ II ↥ 2-3 ○ ◈ ⤢ 1-1,5 m
Bartblume *Caryopteris clandonensis*	ausgeschrieben (1)	ħ ■ ✿ VII-IX ✂ II ↥ 1 ○ ◈ ⤢ 80 cm
Eibisch *Hibiscus syriacus* 'Oiseau Bleu'	ausgeschrieben (1)	ħ ■ ✿ VI-IX ✂ II ↥ 1,5-2 ○-◑ ◈ ⤢ 0,8-1,3 m
Blauglockenbaum *Paulownia tomentosa*	ausgeschrieben (1)	ħ ■ ✿ IV-V ↥ 8-15 ○ ◈ ⤢ Soliär
Stauden		
Duftnessel *Agastache Rugosa-* Hybride 'Blue Fortune'	ABF (3)	♃ ■ ✿ VII-IX ✂ II ↥ 0,7 ○ ◈ ⤢ 50 cm
Röhrenstern *Amsonia tabernaemontana*	At (3)	♃ □ ✿ VI-VII ✂ II ↥ 0,8-1 ○-◑ ◈ ⤢ 40 cm
Kissenaster *Aster Dumosus-*Hybride 'Mittelmeer'	AM (5)	♃ ■ ✿ IX-X ✂ II ↥ 0,3 ○ ◈ ⤢ 30 cm
Glatte Aster *Aster laevis*	Al (3)	♃ □ ✿ X-XI ✂ II ↥ 1,1-1,3 ○-◑ ◈ ⤢ 60 cm
Glattblatt-Aster *Aster novi-belgii* 'Schöne von Dietlikon'	ASD (3)	♃ ■ ✿ IX-X ✂ II ↥ 1-1,4 ○ ◆ ⤢ 70 cm
Wilde Zwerg-Aster *Aster sedifolius* 'Nanus'	Asn (5)	♃ ■ ✿ VIII-IX ✂ II ↥ 0,4 ○ ◈ ⤢ 30 cm
Sommer-Aster *Aster × frikartii* 'Mönch'	Afm (3)	♃ ■ ✿ VIII-IX ✂ II ↥ 0,7 ○ ◈ ⤢ 40 cm
Gewöhnliche Akelei *Aquilegia vulgaris*	Av (5)	♃ ■ ✿ V-VI ✂ VII ↥ 0,6 ○-◑ ◈ ⤢ 30 cm
Kaukasus-Vergißmeinnicht *Brunnera macrophylla*	(10)	♃ □ ✿ IV-VI ↥ 0,4 ○-◑ ◈ ⤢ 40 cm
Rittersporn *Delphinium Belladonna-* Hybride 'Atlantis'	DS (1)	♃ ■ ✿ V-VI/IX-X ✂ VII ↥ 1 ○ ◈ ⤢ 60 cm
Rittersporn *Delphinium Belladonna-* Hybride 'Ballkleid'	DF (1)	♃ □□ ✿ VI-VII/X ✂ VIII ↥ 1,2 ○ ◈ ⤢ 60 cm
Rittersporn *Delphinium Belladonna-* Hybride 'Piccolo'	DP (1)	♃ ■□ ✿ VI-VII/X ✂ VIII ↥ 0,8-1 ○ ◈ ⤢ 60 cm
Rittersporn *Delphinium Elatum-* Hybride 'Sommerwind'	DA (1)	♃ □□ ✿ VI-VII/X ✂ VIII ↥ 1,6 ○ ◈ ⤢ 80 cm

♃ Staude ♄ Strauch ħ Baum ■ Blütenfarben
✿ Blütenmonate ✂ beste Rückschnittzeit
↥ Höhe in m Standort ○ hell ◑ Halbschatten ● Schatten
Wasserbedarf ◆ groß ◈ mittel ◇ gering ⤢ Pflanzabstand

PFLANZENNAME	DARSTELLUNG & ANZAHL IM PLAN	VITA
Storchschnabel *Geranium × pratense* 'Rozanne'	GR (5)	♃ ■ ✿ VI-XI ✂ II ↥ 0,4 ○ ◈ ⤢ 50 cm
Lavendel *Lavandula angustifolia* 'Hidcote Blue'	LHB (3)	♃ ■ ✿ VII-VIII ✂ II/IX ↥ 0,4 ○ ◈ ⤢ 30 cm
Spanischer Lein *Linum narbonense*	L (5)	♃ ■ ✿ V-VII ✂ II ↥ 0,3-0,4 ○ ◈ ⤢ 30 cm
Frühlings-Gedenkemein *Omphalodes verna*	(10)	♃ □ ✿ IV-V ↥ 0,15-0,2 ◑-● ◈ ⤢ 25 cm
Salbei *Salvia nemorosa* 'Mainacht'	S (3)	♃ ■ ✿ V-VI/VIII-IX ✂ VII ↥ 0,5 ○ ◈ ⤢ 35 cm
Garten-Reitgras *Calamagrostis × acuti-* *flora* 'Karl Foerster'	(3)	♃ ■ ✿ VI-VIII ✂ II ↥ 1,5 ○ ◈ ⤢ 1 m
Blau-Schwingel *Festuca cinerea*	(5)	♃ ■ ✿ VI-VII ↥ 0,15-0,25 ○ ◈ ⤢ 30 cm
Atlas-Schwingel *Festuca mairei*	(1)	♃ ■ ✿ VI-VII ↥ 0,6-1 ○ ◈ ⤢ 90 cm
Blumenzwiebeln		
Prärielilie *Camassia cusickii*	(10)	♃ □ ✿ V-VI ✂ VIII ↥ 0,75-1 ○ ◈ ⤢ 30 cm
Schneestolz *Chionodoxa forbesii*	(30)	♃ □□ ✿ III-IV ↥ 0,15-0,2 ○ ◈ ⤢ 10 cm
Balkan-Krokus *Crocus chrysanthus* 'Blue Pearl'	(50)	♃ □□ ✿ II-III ↥ 0,07-0,1 ○ ◈ ⤢ 5-10 cm
Herbst-Krokus *Crocus speciosus* 'Artabir'	(20)	♃ ■ ✿ IX-XI ↥ 0,15 ○ ◈ ⤢ 10 cm
Hasenglöckchen *Hyacinthoides non-scripta*	(30)	♃ ■ ✿ IV-V ↥ 0,2 ◑-● ◈ ⤢ 5-15 cm
Hyazinthe *Hyacinthus orientalis* 'Blue Jacket'	(10)	♃ ■ ✿ IV-V ↥ 0,25 ○-◑ ◈ ⤢ 10-15 cm
Hyazinthe *Hyacinthus orientalis* 'Delft Blue'	(10)	♃ ■ ✿ IV-V ↥ 0,25 ○-◑ ◈ ⤢ 10-15 cm
Hyazinthe *Hyacinthus orientalis* 'Skyrocket'	(10)	♃ □ ✿ IV-V ↥ 0,25 ○-◑ ◈ ⤢ 10-15 cm
Frühlingsstern *Ipheion uniflorum* 'Wisley Blue'	(10)	♃ □ ✿ V ↥ 0,15 ○ ◈ ⤢ 15 cm
Zwerg-Iris *Iris reticulata* 'Harmony'	(10)	♃ ■ ✿ II-III ↥ 0,1 ○-◑ ◈ ⤢ 10 cm
Traubenhyazinthe *Muscari armeniacum*	(20)	♃ ■ ✿ IV ↥ 0,2 ○ ◈ ⤢ 10 cm
Sibirischer Blaustern *Scilla siberica* 'Spring Beauty'	(20)	♃ ■ ✿ III-IV ↥ 0,15 ◑ ◈ ⤢ 5-10 cm

[a]

[b]

[c]

SO GEHT'S

[a] AGAPANTHUS Die Schmucklilie 'Bressingham Blue' ist winterhart und kann direkt im Garten an sonnigen, warmen Stellen gepflanzt werden. Im Winter sollte sie mit einer Laubschicht etwas geschützt werden. Sie wächst über Jahre zu einem stattlichen Horst heran, der eine Fülle an leuchtend blauen Blumen bringt. Alle anderen Schmucklilien sind schöne Kübelpflanzen.

[b] DUFTENDE WEISSE BLÜTEN Die Sommerhyazinthe mit ihren hohen weißen Blütenständen eignet sich gut zwischen herbstblühenden Astern oder anderen nicht zu hohen Stauden. Sie wird im Frühjahr am besten in Gruppen gepflanzt und nach dem Frost herausgenommen und frostfrei überwintert. Zwischen üppig wuchernden Sommerblumen kommt sie weniger gut zur Geltung.

[c] GRAZIL & EDEL Von den Lilien gibt es sehr viele Hybriden die im Sommer im sonnigen Gehölzrand oder Beet ganz besondere Hingucker sind. Sie gedeihen oft besser als die Wildformen. Sehr grazil sind die Türkenbundlilien mit kleineren, zurückgebogenen Blüten. Wer große Blüten möchte, sucht sie unter den asiatischen oder orientalischen Hybriden. Die dritte Blütenform sind längliche Trompeten.

DER SOMMER GRÜSST

mit warmen Farben

Gelb und Rot sind die dominierenden Farben im Sommer. Sie spiegeln Sonnenschein und Hitze, aber auch Lebensfreude und Nähe wider. Kühle Effekte liefert dazu z. B. die Schmucklilie.

ZWIEBELPFLANZEN DES SOMMERS

Dazu gehören von den ausdauernden Geophyten die Lilien, mit vielen Arten und Sorten. Ergänzt werden sie von den im Frühjahr gepflanzten, nicht winterharten Gladiolen, Sommerhyazinthen, Homerien, Montbretien, Pfauenblumen und vom Blumenrohr. Schmucklilien, Hakenlilien, Kaplilien oder Schopflilien, die in Kübeln gezogen und überwintert werden, sind ebenfalls in voller Blüte. Am Ende beginnen auch die Dahlien zu blühen.

GEHÖLZE, STAUDEN & SOMMERBLUMEN

Schmetterlingssträucher, Eibisch, Fuchsien, Tamarisken und Hortensien sind neben den Rosen die wichtigsten sommerblühenden Gehölze. Als Baum ist der Trompetenbaum ein ausgesprochener Sommerblüher – übrigens der beste Partner für Geophyten, weil er ganz spät austreibt und schon früh das Laub wieder fallen lässt. Im Sommer haben auch Waldreben, Geißblatt, Trompetenblume und andere Schlingpflanzen ihre Hauptblüte.

Bei den Stauden haben Sonnenblumen, Sonnenauge, Sonnenhut, Sonnenbraut und Kokardenblume das Sagen. Sie werden begleitet von Schleierkraut, Salbei, Kugeldisteln, Sterndolden und frühen Astern.

Den absoluten Blütenhöhepunkt haben die Wechselflorbeete mit ihrer ganzen Pflanzen- und Farbenvielfalt. Begonien, Studentenblumen, Geranien, Petunien, Sonnenwende, Salbei, Löwenmäulchen, Ringelblumen und viele mehr sorgen für Blüten in Hülle und Fülle und sind echte Hingucker. In Balkonkästen, Schalen und Kübeln haben die Sommerblumen ebenfalls ihr Maximum erreicht.

ARBEITEN IM GARTEN

Wässern, Rasen mähen, Schädlinge bekämpfen und verblühte Blüten ausschneiden, das sind die wichtigsten Arbeiten in der Jahreszeit. Dazu kommen die Ernte im Nutzgarten und die Vorratshaltung. Hecken schneiden, die Blumenwiese mähen und eingelagerte Zwiebeln kontrollieren, ebenfalls Arbeiten, die erledigt werden müssen. Das Jäten hört nicht auf, vor allem Disteln, Milchdisteln und Gartenmelde gedeihen nach Regengüssen sehr schnell und sind Weltmeister in der Samenproduktion, die in kürzester Zeit auf offenen Gartenböden wieder keimen. Wer eine davon übersieht, hat schnell Hunderte Sämlinge und sehr viel mehr Arbeit. Es ist auch die Zeit für eine ausgeprägte Siesta in der Mittagshitze und ein gemütlicher Abend nach getaner Arbeit in einer lauen Sommernacht.

PFLANZZEIT **Warum nicht für den Urlaub die Kataloge bestellen, damit man in aller Ruhe darin schmökern kann. Denn jetzt wird es höchste Zeit, die Zwiebeln für die Herbstpflanzung auszusuchen und zu bestellen, damit sie rechtzeitig geliefert werden. Vor allem Besonderheiten oder größere Mengen einer Sorte können schnell vergriffen sein. Außerdem sollten die herbstblühenden Zwiebeln ab Ende August gepflanzt werden.**

[1.]

DIE SOMMERBLÜHER

eine bunte Mischung

Die Auswahl ist nicht so groß, viele sind nicht winterhart und werden jährlich neu gepflanzt oder frostfrei überwintert und doch möchte man sie nicht missen.

[2.]

[3.]

GLADIOLE [1.]

Gladiolus Cultivars

Wuchs: Knolle mit feinnerviger Schale
Blüte: Juni; kleinblumig bei *G. nanus*, großblütig bei anderen Hybriden, oft mit roter Zeichnung, weiß, rosa, rot; ca. 60–100 cm hoch
Blätter: breit lanzettlich, graugrün
Herkunft: Züchtungen aus südafrikanischen Wildformen
Standort: sonnig; nährstoffreiche Gartenböden
Bemerkungen: mit der geringeren Höhe und frühen Blütezeit können die *G. nanus* ein Staudenbeet beleben, bevor die Hochblüte der Stauden einsetzt; fast winterhart; es ist sicherer, sie im Frühjahr zu pflanzen und im Herbst herauszunehmen; wenige Sorten erhältlich; am besten in kleinen Gruppen pflanzen; vor allem von den großen Edelgladiolen gibt es eine Fülle an Sorten in allen Farben, auch gelb, orange, rot, blau, violett und rot oder grün; Schmetterlingsgladiolen haben kleinere, breitere, immer mehrfarbige Blüten mit gewellten Rändern, Primulinus-Gladiolen sind niedriger mit kapuzenförmigen Blüten; alle Arten sind gute Schnittblumen; Vermehrung erfolgt über eine Vielzahl an Tochterknollen, die allerdings ein paar Jahre benötigen, bevor sie zu blühfähigen Knollen herangewachsen sind
Begleitpflanzen: Stauden, Gräser

HOMERIE [2.]

Homeria collina

Wuchs: Knolle mit netzförmiger Hülle
Blüte: Juli; blassgelb oder lachsorange, auf aufrechten Stielen, ca. 35 cm hoch
Blätter: 1, linealisch, grün
Herkunft: S-Afrika
Standort: sonnig; durchlässige, nährstoffreiche Gartenböden
Bemerkungen: nicht voll winterhart, wird am besten im Frühjahr gepflanzt und im Herbst wieder herausgenommen; kann im Steingarten das Sommerloch in der Blüte auffüllen; die Blüte ist nur einen Tag lang offen, es kommen aber immer neue nach
Begleitpflanzen: Steingartenstauden, niedrige Präriestauden

HAKENLILIE [3.]

Crinum × powellii

Wuchs: sehr große, eiförmige Zwiebeln mit papierartigen Schalen
Blüte: Juli–August; Blütenstiele am Ende mit bis zu 12 hängenden, großen, nickenden rosa Blüten; ca. 1 m hoch
Blätter: glatt, über 1 m lang, grün
Herkunft: Wildformen *C. bulbispermum × C. moorei*, aus S-Afrika
Standort: sonnig; warm, auf nährstoffreichen, durchlässigen Gartenböden; Winterschutz mit Laub notwendig
Bemerkungen: die Zwiebel nicht zu

tief pflanzen, das obere Stück des Schaftes sollte noch herausragen, unbedingt im Frühjahr pflanzen; während der Wachstumsphase gut wässern und düngen; im Herbst mit einer ca. 80 cm hohen Laubschüttung abdecken, auch als Schutz vor Winternässe, oder ausgraben und frostfrei überwintern; bildet mit der Zeit sehr große Horste, deshalb eher für eine Solitärstellung geeignet; Vermehrung erfolgt am besten über Tochterzwiebeln
Begleitpflanzen: späte frühjahrsblühende Zwiebeln, Gräser

PFAUENBLUME, TIGERBLUME [4.]

Tigridia pavonia
Wuchs: Zwiebel
Blüte: Juli–August; rosa, gelb, orange, rot oder weiß, meist mit dunkleren Farben gezeichnet oder gepunktet; ca. 80 cm hoch
Blätter: meist grundständig, lanzettlich, bis 50 cm lang
Herkunft: Mexiko
Standort: sonnig; durchlässige, nährstoffreiche Gartenböden
Bemerkungen: nicht voll winterhart, im Frühjahr pflanzen und im Herbst wieder herausnehmen und frostfrei überwintern wie Dahlien; in milden Regionen eventuell mit einer dicken Schicht Torfmull winterhart; auffallend durch die gezeichneten Blüten, die nur einen Tag halten, durch die Vielzahl an Blüten aber durchgehend blühen; lassen sich zwischen Stauden oder auch in Sommerflorflächen integrieren
Begleitpflanzen: Stauden, Gräser, Sommerblumen

DUFT-LAUCH [5.]

Tulbaghia fragrans
Wuchs: Zwiebel
Blüte: Juni–August; in einer vielblütigen Dolde, hellviolett, Blütenzipfel teilweise zurückgebogen, schwacher Knoblauchgeruch; ca. 60 cm hoch
Blätter: bis zu 60 cm lang, riemenförmig, graugrün
Herkunft: S-Afrika
Standort: sonnig; nährstoffreiche Gartenböden
Bemerkungen: nicht winterhart, am besten in Kübeln kultivieren und diese im Frühjahr in die Pflanzbeete integrieren, im Herbst herausnehmen und frostfrei, hell überwintern; können eine schöne Ergänzung im Kräutergarten sein. Die anderen Arten sind empfindlicher und verströmen einen intensiveren Knoblauchgeruch
Begleitpflanzen: Salbei, Lavendel, Kräuter, niedere Gräser

STERNGLADIOLE [6.]

Gladiolus callianthus 'Muriele'
Wuchs: Knolle mit feinnerviger Schale
Blüte: August–September; bis zu 10 Blüten, leicht hängend, weiß mit roter Zeichnung, locker angeordnet, duftend; Blütenstand ca. 100 cm hoch
Blätter: breiter lanzettlich, wachsen im Frühjahr und Sommer
Herkunft: O-Afrika, Äthiopien bis Malawi
Standort: sonnig; durchlässige, nährstoffreiche Gartenböden
Bemerkungen: nicht frosthart, im Frühjahr pflanzen, im Herbst herausnehmen und bei etwa 20 °C überwintern; brauchen genügend Feuchtigkeit in der Wachstumsphase; sehr gute Schnittblumen, die sich in Staudenflächen oder Sommerflorflächen integrieren lassen; die Pflanze wird oft auch in einer eigenen Gattung als *Acidanthera* in der Literatur und im Handel geführt
Begleitpflanzen: Stauden, Gräser, Sommerblumen

[4.]

[5.]

[6.]

FEURIG ROT

durch den Sommer

Die Farbe Rot im Garten hat für das menschliche Auge eine Signalwirkung. Sie tritt in kühlen blauen Rottönen oder in warmen gelben Tönen in der Pflanzenwelt vielfältig auf.

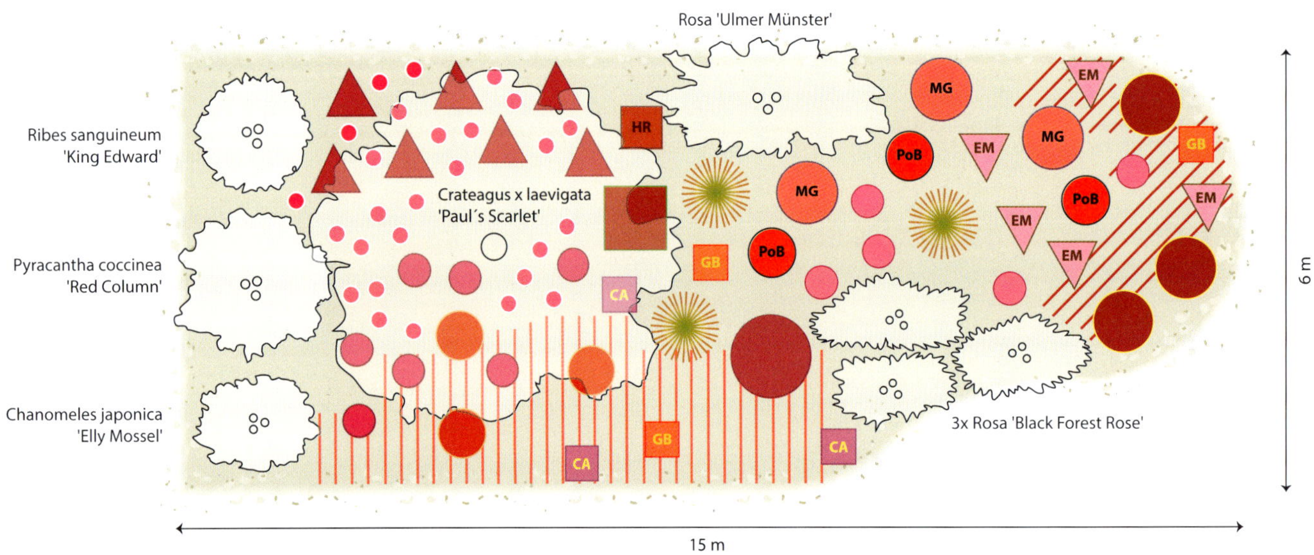

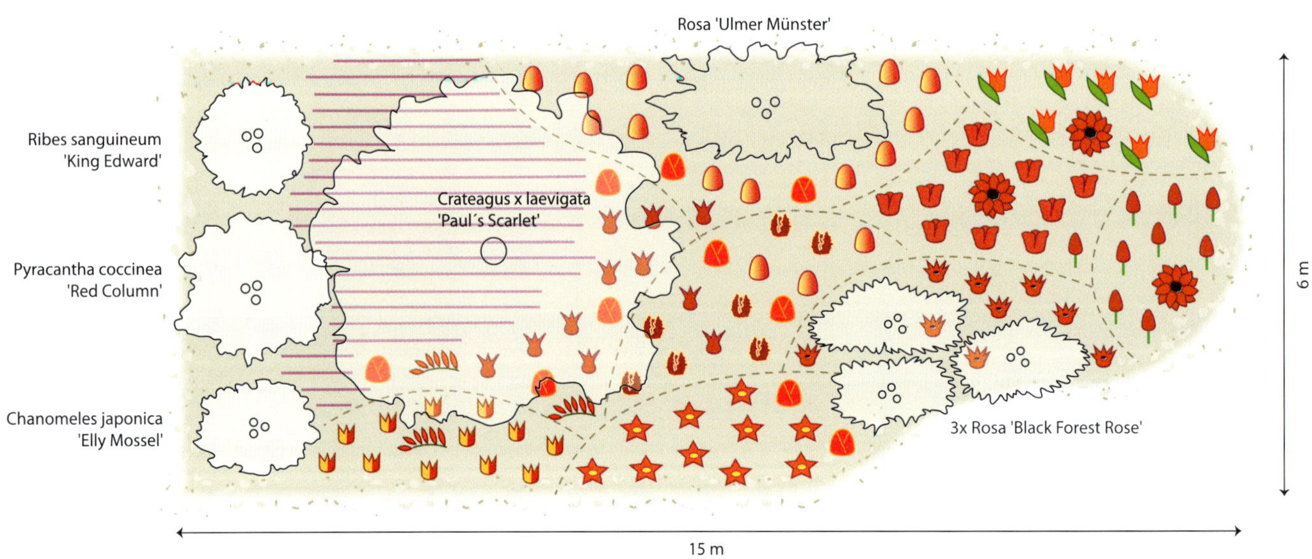

FEURIG ROT

PFLANZENNAME	DARSTELLUNG & ANZAHL IM PLAN	VITA
Gehölze		
Zierquitte *Chaenomeles japonica* 'Elly Mossel'	ausgeschrieben (1)	♄ ■ ✿ III-IV ↥ 1-1,5 ○-◑ ◊ ⤢ 0,6 m
Rotdorn *Crataegus × laevigata* 'Paul's Scarlet'	ausgeschrieben (1)	♄ ■ ✿ V-VI ↥ 3-6 ○-◑ 🌢 ⤢ 1-2 m
Feuerdorn *Pyracantha coccinea* 'Red Column'	ausgeschrieben (1)	♄ □ ✿ V-VI/VIII-XII ↥ 2 ○-◑ ◊ ⤢ 0,5 m
Blut-Johannisbeere *Ribes sanguineum* 'King Edward'	ausgeschrieben (1)	♄ ■ ✿ IV-V ↥ 1,5-2 ○-◑ 💧 ⤢ 0,5 m
Beetrose *Rosa* 'Black Forest Rose'	ausgeschrieben (3)	♃ ■ ✿ VI-IX ✂ II ↥ 0,7 ○-◑ ◊ ⤢ 0,5 m
Strauchrose *Rosa* 'Ulmer Münster'	ausgeschrieben (1)	♃ ■ ✿ VI-IX ✂ II ↥ 1,5 ○ ◊ ⤢ 0,5 m
Stauden		
Arends Prachtspiere *Astilbe × arendsii* 'Glut'	AG (7)	♃ ■ ✿ VII-IX ✂ II ↥ 0,8 ◑ 💧 ⤢ 0,4 m
Bergenie *Bergenia cordifolia* 'Abendglut'	Bc (7)	♃ ■ ✿ IV-V ✂ VI ↥ 0,3 ○-◑ ◊ ⤢ 0,4 m
Kerzen-Wiesen-knöterich *Bistorta ampelxicaule* 'Atropurpureum'	BA (1)	♃ ■ ✿ VI-X ✂ II ↥ 1 ○-◑ 💧 ⤢ 0,9 m
Gartenchrysantheme *Dendranthema grandi-flora* 'Ahlemer Rote'	CA (3)	♃ ■ ✿ IX-X ✂ II ↥ 0,7 ○ ◊ ⤢ 0,4 m
Herzblume *Dicentra* 'Red Fountain'	(7)	♃ ■ ✿ V-X ↥ 0,3 ◑ ◊ ⤢ 0,25 m
Roter Sonnenhut *Echinacea purpurea* 'Magnus'	EM (5)	♃ ■ ✿ VII-IX ✂ II ↥ 0,9 ○ ◊ ⤢ 0,4 m
Kokardenblume *Gaillardia × grandiflora* 'Burgunder'	GB (3)	♃ ■ ✿ VI-IX ✂ II ↥ 0,5-0,6 ○ ◊ ⤢ 0,4 m
Sonnenbraut *Helenium* 'Rubinzwerg'	HR (1)	♃ ■ ✿ VII-IX ✂ II ↥ 0,8 ○ ◊ ⤢ 0,55 m
Taglilie *Hemerocallis* 'Crimson Pirate'	HCP (3)	♃ ■ ✿ VI-VIII ✂ II ↥ 0,7 ○ ◊ ⤢ 0,6 m
Purpurglöckchen *Heuchera* 'Red Spangels'	(7)	♃ ■ ✿ VI-VII ↥ 0,55 ○-◑ ◊ ⤢ 0,3-0,4 m
Indianernessel *Monarda* 'Gardenview Red'	MG (3)	♃ ■ ✿ VII-IX ✂ II ↥ 1,0 ○ ◊ ⤢ 0,45 m
Bauern-Pfingstrose *Paeonia officinalis* 'Rubra Plena'	PoR (1)	♃ ■ ✿ V-VI ✂ II ↥ 0,8 ○ ◊ ⤢ 0,75 m
Netzblatt-Pfingstrose *Paeonia tenuifolia*	Pt (3)	♃ ■ ✿ V-VI ✂ II ↥ 0,5 ○ ◊ ⤢ 0,5 m
Türkischer Mohn *Papaver orientale* 'Beauty of Livermere'	PoB (3)	♃ ■ ✿ V-VI ✂ VII ↥ 0,8-1 ○ ◊ ⤢ 0,7 m
Küchenschelle *Pulsatilla vulgaris* 'Röde Klokke'	(7)	♃ ■ ✿ III-IV ↥ 0,2 ○ ◊ ⤢ 0,3 m
Bunte Margarite *Tanacetum coccineum* 'Robinsons Rot'	T (5)	♃ ■ ✿ V-VII ↥ 0,9 ○ ◊ ⤢ 0,4 m
Rutenhirse *Panicum virgatum* 'Rehbraun'	(3)	♃ ■ ✿ VII-IX ✂ II ↥ 0,6-1 ○-◑ 💧 ⤢ 0,8 m
Blumenzwiebeln		
Lerchensporn *Corydalis solida* var. *cashmeriana*	(20)	♃ ■ ✿ III-IV ↥ 0,15 ◑ 💧 ⤢ 0,2 m
Montbretie *Crocosmia × crocos-miiflora* 'Lucifer'	(3)	♃ ■ ✿ VII-IX ✂ II ↥ 0,8-1,2 ○ ◊ ⤢ 0,3 m
Päonienblütige Dahlie *Dahlia* 'Bishop of Llandaff'	(3)	♃ ■ ✿ VII-X ✂ XI ↥ 0,8-1 ○ ◊ ⤢ 0,5 m
Darwin-Hybride-Tulpe *Tulipa* DH 'Apeldoorn'	(20)	♃ ■ ✿ IV-V ✂ VI ↥ 0,55 ○ 💧 ⤢ 0,2 m
Wild-Tulpe *Tulipa eichleri*	(10)	♃ ■ ✿ IV ✂ V ↥ 0,3 ○ 💧 ⤢ 0,1 m
Mehrblütige Tulpe *Tulipa* ES 'Red Georgette'	(10)	♃ ■ ✿ V ✂ VI ↥ 0,55 ○ 💧 ⤢ 0,2 m
Seerosen-Tulpe *Tulipa kaufmanniana* 'Showwinner'	(10)	♃ ■ ✿ III-IV ✂ V ↥ 0,25 ○ 💧 ⤢ 0,1 m
Fosteriana-Tulpe *Tulipa fosteriana* 'Madame Lefeber'	(10)	♃ ■ ✿ III-IV ✂ V ↥ 0,3 ○ 💧 ⤢ 0,1 m
Lilienblütige Tulpe *Tulipa* LB 'Red Shine'	(20)	♃ ■ ✿ V ✂ VI ↥ 0,55 ○ 💧 ⤢ 0,2 m
Papageien-Tulpe *Tulipa* PA 'Roccoco'	(10)	♃ ■ ✿ V ✂ VI ↥ 0,35 ○ 💧 ⤢ 0,1 m
Wild-Tulpe *Tulipa praestans* 'Fusilier'	(10)	♃ ■ ✿ IV ✂ V ↥ 0,3-0,35 ○ 💧 ⤢ 0,15 m
Triumph-Tulpe *Tulipa* TT 'Couleur Cardinal'	(20)	♃ ■ ✿ IV ✂ V ↥ 0,3-0,35 ○ 💧 ⤢ 0,2 m
Wild-Tulpe *Tulipa vvedenskyi*	(10)	♃ ■ ✿ V ✂ VI ↥ 0,2 ○ 💧 ⤢ 0,1 m

♃ Staude ♄ Strauch ♄ Baum ■ Blütenfarben
✿ Blütenmonate ✂ beste Rückschnittzeit
↥ Höhe in m Standort ○ hell ◑ Halbschatten ● Schatten
Wasserbedarf 🌢 groß 💧 mittel ◊ gering ⤢ Pflanzabstand

GELB-FACETTEN

Sommersonne pur

Ein Garten im Sommer ohne die Farbe Gelb ist schwierig zu gestalten. Viele der sommerblühenden Stauden sind gelb oder beinhalten Gelb. Aber es gibt zum Glück passende Partner in anderen Farben.

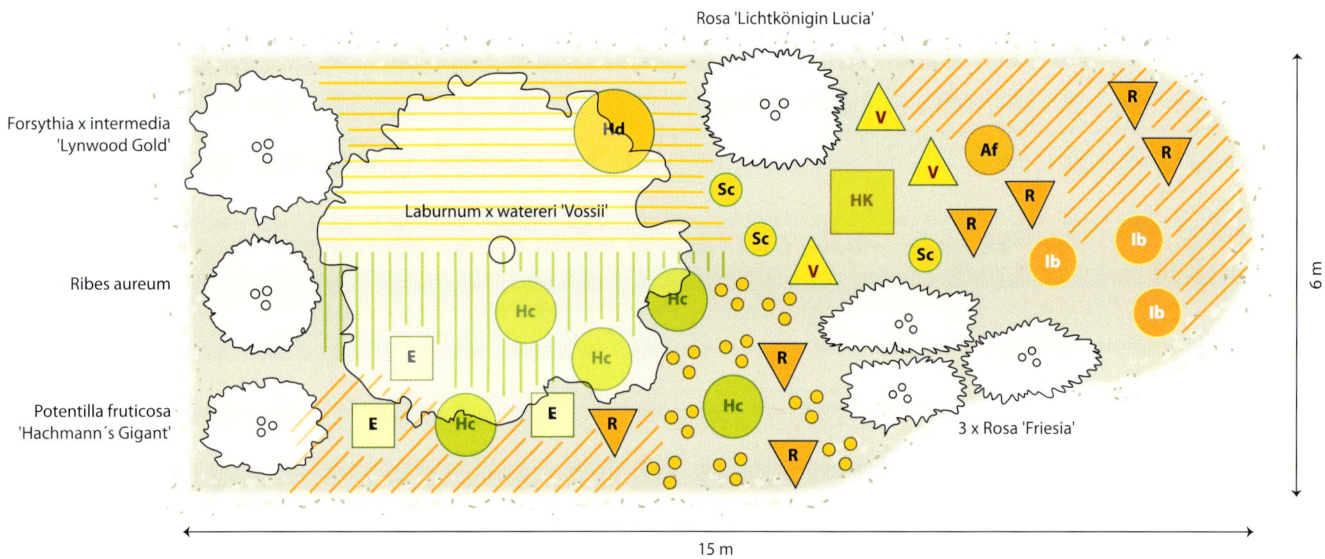

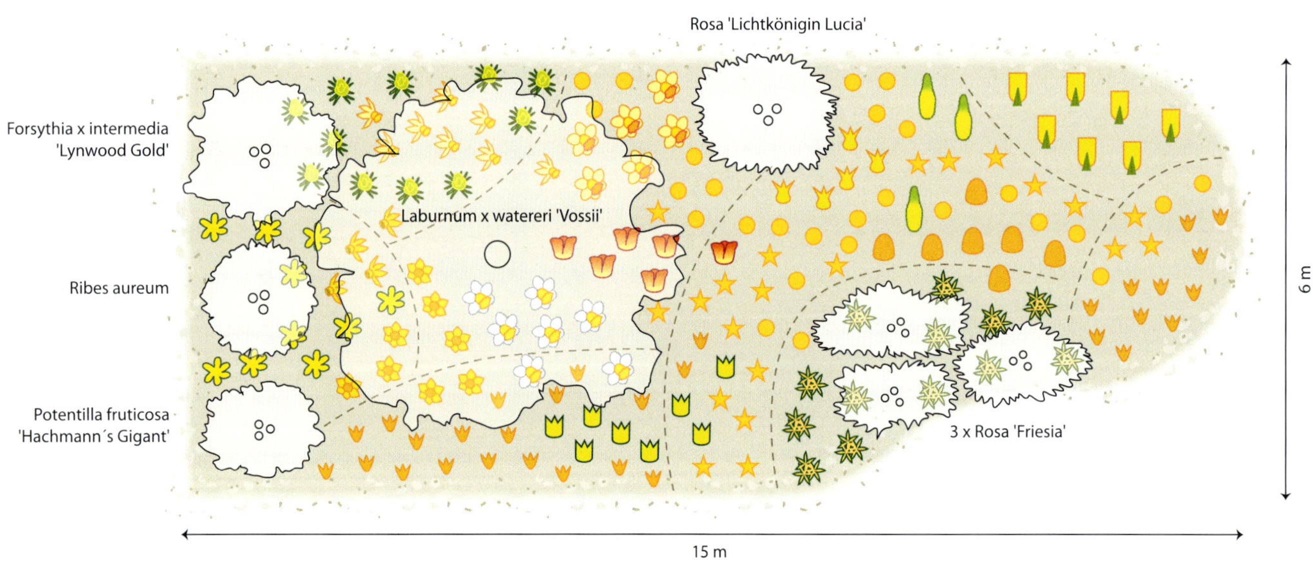

GELB-FACETTEN

PFLANZENNAME	DARSTELLUNG & ANZAHL IM PLAN	VITA
Forsythie *Forsythia × intermedia* 'Lynwood Gold'	ausgeschrieben (1)	♄ ■ ✿ IV-V ✂ VI ↥ 2-3 ○ ◈ ⤢ 1 m
Goldregen *Laburnum × watereri* 'Vossii'	ausgeschrieben (1)	♄̶ ■ ✿ V-VI ↥ 5-6 ○-◑ ◇ ⤢ 3 m
Fingerstrauch *Potentilla fruticosa* 'Hachmann's Gigant'	ausgeschrieben (1)	♄ ■ ✿ VI-X ✂ II ↥ 0,7 ○ ◈ ⤢ 0,45 m
Gold-Johannisbeere *Ribes aureum*	ausgeschrieben (1)	♄ ■ ✿ IV-V ↥ 1,5-2,5 ○-◑ ◇ ⤢ 0,5 m
Beetrose *Rosa* 'Friesia'	ausgeschrieben (3)	♃ ■ ✿ VI-X ✂ II ↥ 0,5-0,7 ○-◑ ◈ ⤢ 0,4 m
Strauchrose *Rosa* 'Lichtkönigin Lucia'	ausgeschrieben (1)	♃ □ ✿ VI-X ✂ II ↥ 1,5 ○-◑ ◈ ⤢ 0,6 m
Goldgarbe *Achillea filipendulina* 'Coronation Gold'	Af (1)	♃ ■ ✿ VII/IX ✂ II/VIII ↥ 0,7 ○ ◈ ⤢ 0,4 m
Mädchenauge *Coreopsis verticillata* 'Zagreb'	(10)	♃ ■ ✿ VI-IX ✂ II ↥ 0,3 ○ ◇ ⤢ 0,3 m
Gold-Wolfsmilch *Euphorbia polychroma*	E (3)	♃ ■ ✿ V-VI ✂ II ↥ 0,3 ○ ◇ ⤢ 0,4 m
Sonnenbraut *Helenium* 'Kanaria'	HK (1)	♃ □ ✿ VII-VIII ✂ II ↥ 1,1 ○ ◇ ⤢ 0,7 m
Stauden-Sonnenblume *Helianthus decapetalus* 'Soleil d'Or'	Hd (1)	♃ ■ ✿ VIII-X ✂ II ↥ 1,3 ○ ◇ ⤢ 0,8 m
Zitronen-Taglilie *Hemerocallis citrina*	Hc (5)	♃ □ ✿ VI-VIII ✂ II ↥ 1 ○ ◇ ⤢ 0,6 m
Hohe Schwertlilie *Iris barbata-elatior* 'Ola Kala'	Ib (3)	♃ ■ ✿ V-VI ✂ VII ↥ 1 ○ ◇ ⤢ 0,4 m
Echte Schlüsselblume *Primula veris*	(10)	♃ ■ ✿ IV-V ↥ 0,2 ○-◑ ◇ ⤢ 0,25 m
Sonnenhut *Rudbeckia fulgida* var. *sullivantii* 'Goldsturm'	R (7)	♃ ■ ✿ VIII-X ✂ II ↥ 0,7 ○ ◈ ⤢ 0,5 m
Fetthenne *Sedum floriferum* 'Weihenstephaner Gold'	(10)	♃ ■ ✿ VI-VIII ↥ 0,15 ○ ◇ ⤢ 0,2 m

♃ Staude ♄ Strauch ♄̶ Baum ■ Blütenfarben
✿ Blütenmonate ✂ beste Rückschnittzeit
↥ Höhe in m Standort ○ hell ◑ Halbschatten ● Schatten
Wasserbedarf ♦ groß ◈ mittel ◇ gering ⤢ Pflanzabstand

PFLANZENNAME	DARSTELLUNG & ANZAHL IM PLAN	VITA
Goldrute *Solidago caesia*	Sc (3)	♃ ■ ✿ IX-X ✂ II ↥ 0,6 ○ ◇ ⤢ 0,3 m
Schwarze Königskerze *Verbascum nigrum*	V (3)	♃ ■ ✿ VI-VIII ✂ II ↥ 1,2-1,4 ○ ◇ ⤢ 0,6 m
Golderdbeere *Waldsteinia geoides*	(10)	♃ ■ ✿ IV-VI ↥ 0,2 ◑ ◈ ⤢ 0,3 m
Ergänzung mit Blumenzwiebeln		
Gold-Lauch *Allium moly* 'Jeannine'	(10)	♃ ■ ✿ V-VII ↥ 0,3 ○ ◇ ⤢ 0,1 m
Gelbes Windröschen *Anemone ranunculoides*	(30)	♃ ■ ✿ IV-V ↥ 0,15 ◑ ◈ ⤢ 0,2 m
Balkan-Krokus *Crocus chrysanthus* 'E.P. Bowles'	(30)	♃ ■ ✿ II-III ↥ 0,1 ○-◑ ◇ ⤢ 0,1 m
Frühlings-Krokus *Crocus vernus* 'Large Yellow'	(20)	♃ ■ ✿ III-IV ↥ 0,15 ○-◑ ◇ ⤢ 0,1 m
Winterling *Eranthis hyemalis*	(20)	♃ ■ ✿ II-III ↥ 0,05-0,1 ◑ ◇ ⤢ 0,1 m
Steppenkerze *Eremurus stenophyllus*	(3)	♃ ■ ✿ VI-VII ✂ VII ↥ 0,8-1 ○ ◇ ⤢ 0,5 m
Alpenveilchen-Narzisse *Narcissus cyclamineus* 'February Gold'	(20)	♃ ■ ✿ II-III ✂ VI ↥ 0,2-0,3 ○-◑ ◈ ⤢ 0,2 m
Alpenveilchen-Narzisse *Narcissus cyclamineus* 'Peeping Tom'	(20)	♃ ■ ✿ III ✂ VI ↥ 0,3 ○-◑ ◈ ⤢ 0,2 m
Großkronige Narzisse *Narcissus* 'Carlton'	(20)	♃ ■ ✿ II-IV ✂ VI ↥ 0,4 ○-◑ ◈ ⤢ 0,3 m
Spaltkronen Narzisse *Narcissus Split-Corona* 'Chanterelle'	(10)	♃ ■ ✿ III ✂ VI ↥ 0,4 ○-◑ ◈ ⤢ 0,2 m
Jonquilla-Narzisse *Naricussus jonquilla* 'Sweetness'	(20)	♃ ■ ✿ IV-V ✂ VI ↥ 0,4 ○-◑ ◈ ⤢ 0,15 m
Herbst-Goldbecher *Sternbergia lutea*	(10)	♃ ■ ✿ IX-X ↥ 0,1-0,15 ○ ◇ ⤢ 0,2 m
Gefüllte Frühe Tulpe *Tulipa* GF 'Monte Carlo'	(10)	♃ ■ ✿ IV ✂ VI ↥ 0,35 ○ ◇ ⤢ 0,2 m
Darwin-Hybride-Tulpe *Tulipa* DH 'Daydream'	(10)	♃ ■ ✿ V ✂ VI ↥ 0,55 ○ ◇ ⤢ 0,2 m
Darwin-Hybride-Tulpe *Tulipa* DH 'Golden Apeldoorn'	(10)	♃ ■ ✿ IV ✂ VI ↥ 0,55 ○ ◇ ⤢ 0,1 m
Fosteriana-Tulpe *Tulipa fosteriana* 'Yellow Emperor'	(10)	♃ ■ ✿ III-IV ✂ VI ↥ 0,3 ○ ◇ ⤢ 0,1 m
Lilienblütige Tulpe *Tulipa* LB 'Westpoint'	(10)	♃ ■ ✿ IV-V ✂ VI ↥ 0,45 ○ ◇ ⤢ 0,1 m

DER HERBST

mit leuchtenden Farbenspielen

Ein letztes Aufbäumen der Natur mit Blüten, Früchten, verfärbten Blättern, bizarren Samenständen, wiegenden Gräsern, alles in Hülle und Fülle, bevor der Frost kommt und die ganze Pracht zerstört.

DIE HERBSTBLÜHER

Dahlien und Herbstzeitlosen sind die bekanntesten Vertreter mit oft sehr schön gezeichneten Blüten. Aus dem Kinderreim – „Backe, backe Kuchen ... Safran macht den Kuchen gelb" – kennt jeder den Safran-Krokus, der an warmen Stellen sehr spät zum Blühen kommt und den typischen Safrangeruch verbreitet. Die anderen herbstblühenden Krokusse sind weniger bekannt und noch viel zu wenig in den Gärten vertreten. Dabei ist der Pracht-Krokus mit seinen Sorten sehr leicht zu kultivieren. Der späteste Krokus – *Crocus ochroleucus* – kommt erst im November mit kleinen weißen Blüten zum Blühen, deshalb gedeiht er am besten in wärmeren Regionen. Sehr schön und dankbar sind auch die herbstblühenden Alpenveilchen, in Rosa oder Weiß. Sie kann man gut mit den Frühlings-Alpenveilchen kombinieren. Die weiße Windblume sollte man im Frühjahr pflanzen, damit sie bis zum Herbst hin gut eingewurzelt ist, dann blüht sie sehr lange, kann aber in einem kalten Winter leiden. Goldgelb leuchten die Blüten des Gold-Krokus im September im Garten. Diese Pflanze sollte öfters verwendet werden.

BEGLEITENDE GEHÖLZE UND STAUDEN

Wenige Gehölze blühen im Herbst, dafür haben sie teilweise sehr schöne Früchte wie z. B. der Liebesperlenstrauch (violett) oder das Pfaffenhütchen (rot). Sie können gut mit lilafarbenen Krokussen unterpflanzt werden. Andere haben eine sehr schöne Herbstfärbung wie z. B. die Zaubernuss (leuchtend gelb), die Felsenbirne (leuchtend rot) oder der Korkspindelstrauch (leuchtend rot). Sie geben eine gute Kulisse für die Herbstblüher ab.
Von den Stauden sind die Herbstastern, die Winterastern, die Japanischen Anemonen und der Eisenhut die spätblühenden Vertreter. Eine besonders schöne Pflanze in Kombination mit herbstblühenden Krokussen ist das Berg-Bohnenkraut, das ebenfalls erst im Herbst eine Fülle an weißen Blüten hervorbringt. Die weidenblättrige Goldrute und die Goldrutenaster sind zwei empfehlenswerte, gelb blühende Stauden. Spannend sind auch die remontierenden hohen Garten-Schwertlilien – die weißblühende Sorte 'Lugano' kommt am sichersten im Herbst nochmals mit Blüten, die sich bis zum Frost halten. Zusammen mit der Glattaster und dem Pracht-Krokus ist sie ein absoluter Höhepunkt. Sehr schöne Kombinationen ergeben sich auch mit silberlaubigen Stauden und Gräsern.

GARTENARBEITEN IM HERBST

Jetzt ist nochmals Hochsaison, denn für das nächste Jahr müssen die Blumenzwiebeln gepflanzt werden, eventuell zum Vortreiben auch in Töpfen. Der Sommerflor wird abgeräumt und die Ernte eingebracht. Danach werden die Beete umgegraben. Stauden werden teilweise zurückgeschnitten, vor allem die, die sich leicht versamen, Gräser werden zusammengebunden, damit über Winter die Blätter nicht überall herumfliegen. Empfindliche Pflanzen müssen ins Haus gebracht werden, für andere wird der Winterschutz vorbereitet. Dazu noch der Wettlauf mit der Zeit, da man nie weiß, wann der erste Frost oder der erste Schnee kommt.

SO GEHT'S

[a] KROKUSSE IM SOMMER Der Gold-Krokus bildet im Lauf der Jahre kleinere Horste, ab September mit vielen leuchtend gelben Blüten, die sich in der Sonne entfalten. Mit der Blüte entfalten diese Krokusse auch ihre glänzend grünen Blätter, die nach dem Frost einziehen. Sie gedeihen an warmen, sonnigen Gartenplätzen.

[b] BLÜTEZEIT AB OKTOBER Der Pracht-Krokus verbreitet sich sehr stark mit Tochterknollen und taucht nach Jahren weit verbreitet im Garten auf. Er schiebt sich zwischen den Stauden aus der Erde. Die Blätter erscheinen im Sommer – das sieht aus wie ein schnell wachsender Rasen. Die Blüten öffnen sich ab Oktober bei Sonnenschein und zeigen leuchtend orange Narben.

[c] WUNDERSCHÖN Die Herbstzeitlosen haben relativ große Blüten, sehr dekorativ ist die gefüllt blühende Sorte 'Waterlily', die in ihrer Blüte an eine Seerose erinnert. Bei der Verwendung sollte man beachten, dass diese Sorte im Frühjahr große Blatthorste bildet und damit schwach wachsenden Stauden Konkurrenz macht.

[1.]

[2.]

[3.]

VIELFÄLTIGE DAHLIEN

Blütenfülle pur

Exemplarisch können hier nur ein paar Klassen der Dahlien mit einigen wenigen Sorten vorgestellt werden, da Dahlien eine unendliche Vielfalt bieten.

POMPON-DAHLIEN [1.]

Klasse 7
'Snowflake'

Wuchs: Knolle
Blüte: Blütenblätter bis zur Spitze nach innen aufgerollt, dicht aneinandergereiht, geschlossene, runde Blütenform, ca. 5–7 cm Durchmesser, auf aufrechten Stielen, meist einfarbig, alle Farben, weiß, rosa, rot, orange, gelb, violett; ca. 50–120 cm hoch
Blätter: meist dreiteilig, gezähnt, grün
Herkunft: Züchtungen, die ersten Sorten sind in Deutschland entstanden
Standort: sonnig; durchlässige Gartenböden
Bemerkungen: wüchsige Sorten, die sich besonders gut zum Schnitt eignen; halten etwas länger in der Vase als die großblumigen Sorten
Sorten: 'Nescio' (rot), 'Schneeflocke' (weiß), 'Fildalgo' (gelb), 'Gipsy Night' (dunkelpurpur), 'Buntling' (orange)
Begleitpflanzen: Sommerblumen, Stauden, Gräser

DEKORATIVE DAHLIEN [2.]

Klasse 5
'Isadora'

Wuchs: Knolle
Blüte: Blütenblätter flach, nicht aufgerollt, sondern nur leicht nach oben oder hinten gewölbt, Ränder stumpf abgerundet, dicht gefüllt, Röhrenblüten zu Strahlenblüten umgebildet, alle Blütenfarben, teilweise auch mehrfarbig, weiß, rosa, rot, orange, gelb, violett; 80–150 cm hoch
Blätter: meist dreiteilig, gezähnt, grün
Herkunft: Züchtungen mit der Wildform *D. juarezii*
Standort: sonnig; durchlässige Gartenböden
Bemerkungen: sehr viele Sorten, mit üppiger Blütenfülle, gut nachblühend
Sorten: 'Zinagro' (gelb, rosa Spitze), 'Stolze von Europa' (violett), 'Isadora' (gelb, rote Spitze), 'Erna Panzer' (orange)
Begleitpflanzen: Sommerblumen, Stauden, Gräser

EINFACH BLÜHENDE DAHLIEN [3.]

Klasse 1
'Nimbus'

Wuchs: Knolle
Blüte: ungefüllt, meist ein Kranz aus 8 Zungenblüten, deutlich sichtbare Scheibe mit gelben Röhrenblüten, alle Farben, teilweise auch mehrfarbig, weiß, rosa, rot, orange, gelb, violett; ca. 20–70 cm hoch
Blätter: meist dreiteilig, dicht, grün oder auch rötlich gefärbt
Herkunft: Züchtungen
Standort: sonnig; durchlässige Gartenböden
Bemerkungen: blühen nicht so lange wie die gefüllten Sorten; die kleineren Topmix-Sorten eignen sich auch für

Balkon und als Topfpflanze; häufiges Ausputzen sorgt für eine längere Blütezeit, da dann die Pflanze länger angeregt wird, Blüten zu bilden
Sorten: 'Luna' (cremegelb), 'Nimbus' (weiß), 'Phönix' (rot), 'Bishop of York' (gelb, rotlaubig), 'Bishop of Llandaff' (leuchtend rot, rotlaubig), 'Irene van der Zweet' (gelb), 'Concerto' (orangerot)
Begleitpflanzen: Stauden, Gräser, Sommerblumen

KAKTUS-DAHLIEN [4.]
Klasse 8
'Karma Purple Corona'
Wuchs: Knolle
Blüte: von der Spitze her nach hinten aufgerollte, straffe, schmale Blütenblätter, die Spitze kann unterschiedlich ausgeprägt sein, spitz oder auch geschlitzt und gezackt (Hirschgeweih-Dahlien), dicht gefüllt, alle Farben, auch mehrfarbig; 70–150 cm hoch
Blätter: meist dreiteilig, dicht, grün
Herkunft: Züchtungen aus der *D. juarezii*, ab Ende des 19. Jh.
Standort: sonnig; durchlässige Gartenböden
Bemerkungen: zu der Gruppe gehören auch einige niedrigere Sorten, die oft als Parkdahlien angeboten werden, sie erreichen nur eine Höhe von ca. 70 cm
Sorten: 'Frederike' (rosa), 'Weston Spanish Dancer' (orange), 'Amazonia' (gelb), 'Black Jack' (dunkelpurpur)
Begleitpflanzen: Stauden, Gräser, Sommerblumen

SEMI-KAKTUS-DAHLIEN [5.]
Klasse 9
'Alexander von Humboldt'
Wuchs: Knolle
Blüte: breitere Blütenblätter als bei Kaktus-Dahlien, nur von der Spitze bis etwa zur Hälfte nach hinten eingerollt, teilweise sehr große Blüten, aber auch zwergige Sorten, alle Farben, teilweise auch mehrfarbig, weiß, rosa, rot, orange, gelb, violett; ca. 40–150 cm hoch
Blätter: meist dreiteilig, dicht, grün
Herkunft: Kreuzungen unter anderem mit *D. juarezii*
Standort: sonnig; durchlässige Gartenböden
Bemerkungen: stehen in der Ausbildung der Blüten zwischen den Kaktus- und den Ball-Dahlien mit sehr vielen Sorten; die ersten Züchtungen erst ab dem 19. Jahrhundert
Sorten: 'Biedermanns Gelber Vulkan' (orangegelb), 'Lisonette' (gelb, rote Spitze), 'Uckermark' (kräftig rosa), 'Bach' (gelb), 'Eté Indien' (orangegelb)
Begleitpflanzen: Stauden, Gräser, Sommerblumen

BALL-DAHLIEN [6.]
Klasse 6
'Jowey Nicky'
Wuchs: Knolle
Blüte: Blütenblätter sind mehr als zur Hälfte eingerollt und in einer dichten, abgeflachten, kugeligen Form angeordnet, die Größe wie ein Tennisball, Blüten meist einfarbig, alle Farben, weiß, rosa, rot, orange, gelb, violett; ca. 100–120 cm hoch
Blätter: meist dreiteilig, dicht, grün
Herkunft: Züchtungen aus den ersten in Europa eingeführten Arten
Standort: sonnig; durchlässige Gartenböden
Bemerkungen: gehören zu den ältesten Züchtungen, spielten Ende des 18. Jahrhunderts bis zum Beginn des 19. Jahrhunderts eine wichtige Rolle, teilweise werden diese alten Sorten heute jedoch den Dekorativen Dahlien zugeordnet
Sorten: 'Peter' (rosa), 'First Lady' (gelb), 'Maren' (orange), 'Siegfried Koschker' (rot), 'Tam Tam' (schwarzrot), 'Jugendstil' (weiß, purpurne Spitze)
Begleitpflanzen: Stauden, Gräser, Sommerblumen

[4.]

[5.]

[6.]

[1.]

HERBSTBLÜHER

bis zum Frost

Die ausgewählten Arten sind alle problemlos im Garten zu kultivieren und blühen am Gehölzrand, im Beet oder im Steingarten bis zum Frost.

[2.]

[3.]

HERBSTZEITLOSE [1.]

Colchicum Hybriden

Wuchs: asymmetrische Knollen mit brauner Hülle, röhrenförmig zulaufend an der Spitze
Blüte: September–Oktober; einzeln oder in Büscheln, groß, rosa, weiß, violett, einfach oder gefüllt, teilweise gezeichnet; ca. 20 cm hoch
Blätter: mehrere elliptisch-längliche Blätter in großen Horsten im Frühjahr; bis zu 30 cm hoch
Herkunft: Kreuzungen mit verschiedenen Wildformen, die in Europa bis Zentralasien zu Hause sind
Standort: sonnig–halbschattig; gut drainierte, lehmige Gartenböden
Bemerkungen: enthalten Colchicin in Knollen und Samen, ein giftiges Alkaloid, das für Gen-Änderungen sorgen kann; Sorten gedeihen meist besser als die Wildformen und sorgen im Spätherbst nochmals für ein Blütenfeuer
Begleitpflanzen: laubabwerfende Sträucher, Stauden und Gräser

SAFRAN-KROKUS [2.]

Crocus sativus

Wuchs: flach kugelige Knolle mit sehr fein genetzter, heller Hülle
Blüte: September–November; groß, violett, mit langem orangem Stempel; ca. 10 cm hoch
Blätter: bis zu 12 Blätter, schmal, linealisch, graugrün, erscheinen mit der Blüte
Herkunft: Mittelmeerraum, nur in Kultur bekannt
Standort: sonnig, warm; gut gedüngte Gartenböden, eventuell Schutz vor Kahlfrösten
Bemerkungen: als Medizin-, Gewürz- und Färbemittel schon seit über 2 000 Jahren in Kultur, geerntet werden die Narben und der Stempel, die dann getrocknet werden (ca. 120 Stück benötigt man für 1 g), weshalb Safran auch teurer als Gold gehandelt wird; der Safran-Krokus ist ein triploider, steriler Klon von *C. cartwrightianus* und wird über Tochterknollen vermehrt
Begleitpflanzen: Thymian, Fetthenne, andere teppichbildende Stauden

PRACHT-KROKUS [3.]

Crocus speciosus

Wuchs: flache Knolle mit ledriger Hülle, die sich im unteren Teil ringförmig ablöst, ähnlich wie der frühjahrsblühende *C. chrysanthus*
Blüte: September–November; violettblau bis zartlila, oder weiß, teilweise mit dunkleren Zeichnungen oder Sprenkelungen, lange Röhre, Griffel fein verästelt, orange; bis zu 20 cm hoch
Blätter: meist 4 Stück, länglich, erscheinen erst im Frühjahr
Herkunft: Krim, Kaukasus, Iran, Türkei, Griechenland

Standort: sonnig–halbschattig; alle Gartenböden
Bemerkungen: sehr viele Sorten erhältlich; vermehrt sich an manchen Stellen sehr stark durch Brutzwiebeln und Samen; im Frühjahr erscheinen die Blätter fast wie eine Rasenfläche, eignet sich auch zum Verwildern im Rasen, der dann aber von Mitte September bis Juni nicht gemäht werden darf
Begleitpflanzen: teppichbildende Stauden, laubabwerfende Gehölze, Herbstzeitlosen, Gräser

HERBST-ALPENVEILCHEN [4.]

Cyclamen hederifolium
Wuchs: in der Jugend runde, im Alter schuhsohlenartige Knollen mit bis zu ca. 20 cm Durchmesser, nur an der Oberseite Wurzeln
Blüte: September–Oktober, rosa oder weiß mit dunkelrotem Fleck; ca. 15 cm hoch
Blätter: efeuartig bis rundlich, dunkelgraugrün, meist silberartig gezeichnet, unterseits oft rötlich, erscheinen kurz nach der Blüte, sind wintergrün
Herkunft: Mittelmeerraum
Standort: halbschattig; auf steinigen, durchlässigen, humosen Gartenböden
Bemerkungen: die großen Knollen wurden oft trocken auf der Fensterbank zur Blüte gebracht, im Garten sind die kleineren Knollen besser im Anwachsen; aus Artenschutzgründen sind die Sämlingssorten 'Perlenteppich' (weiß) und 'Rosenteppich' (rosa) mit einer reichen Blütenfülle zu empfehlen
Begleitpflanzen: frühjahrsblühende Alpenveilchen, Steingartenstauden, unter Ziersträuchern

SCHNITTKNOBLAUCH [5.]

Allium tuberosum
Wuchs: kegelförmige Zwiebeln auf kurzen Rhizomen
Blüte: August–Oktober; weiß, sternförmig, in halbkugeliger, abgeflachter, vielblütiger Dolde; ca. 40 cm hoch
Blätter: 4–9 Stück, schmal, fest, ca. 35 cm lang
Herkunft: SO-Asien, Japan, China, Indien, Nepal
Standort: sonnig–halbschattig; alle Gartenböden
Bemerkungen: alte Kulturpflanze, die wie Schnittlauch im Salat verwendet werden kann; feiner Knoblauchgeschmack; bringt durch die späte Blütezeit nochmals einen Höhepunkt ins Kräuterbeet; kann sich versamen, deshalb Blütenstände rechtzeitig zurückschneiden
Begleitpflanzen: Kräuter, Salbei, Lavendel, Schwertlilien (besonders remontierende Sorten wie 'Lugano', weiß blühend)

GOLD-KROKUS [6.]

Sternbergia lutea
Wuchs: Zwiebeln mit braunen, membranartigen, glänzenden Schalen
Blüte: September–Oktober; leuchtend gelb, Blütenblätter verkehrt eiförmig, auf kräftigen, grünen Stielen; ca. 30 cm hoch
Blätter: 4–6, länglich, leuchtend glänzend grün, erscheinen vor oder mit der Blüte
Herkunft: Spanien bis Iran, S-Russland
Standort: sonnig, warm; alle Gartenböden
Bemerkungen: sorgen im Herbst mit den leuchtenden Blüten nochmals für einen Höhepunkt im Garten; bilden mit der Zeit dichte Horste durch Brutzwiebeln, die sich leicht teilen lassen
Begleitpflanzen: herbstblühende Krokusse, polsterbildende Stauden, kleinere Gräser

[4.]

[5.]

[6.]

SILBER UND LILA

Herbstkombinationen

Viele der herbstblühenden Pflanzen sind im lila-violett-purpurnen Bereich. Je dunkler die Blüte, desto besser kommt sie zwischen silberfarbenen Blättern zur Geltung.

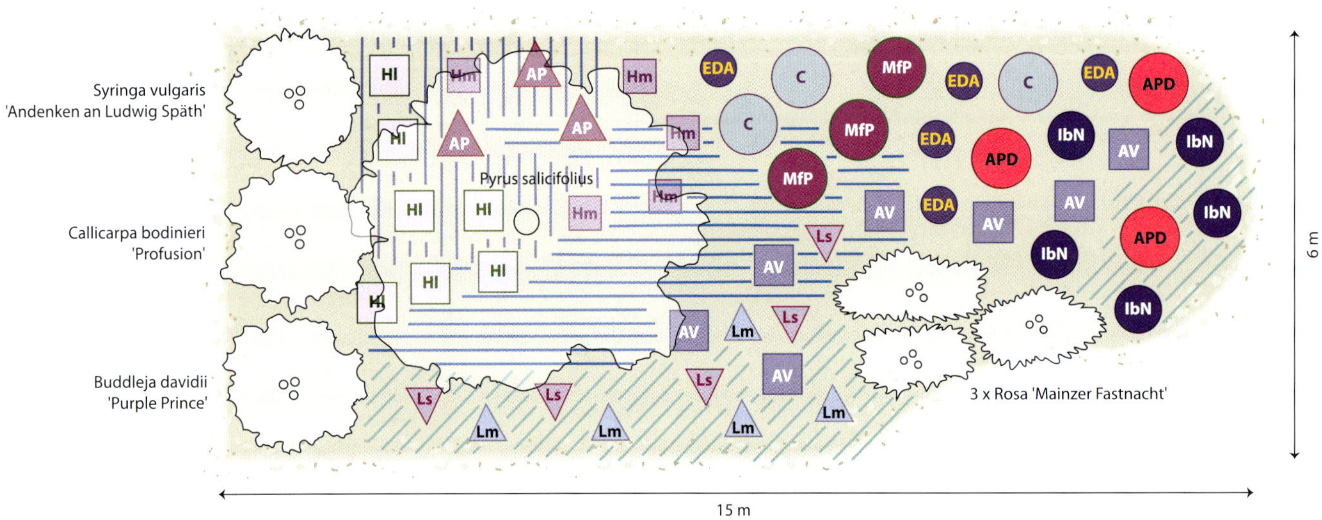

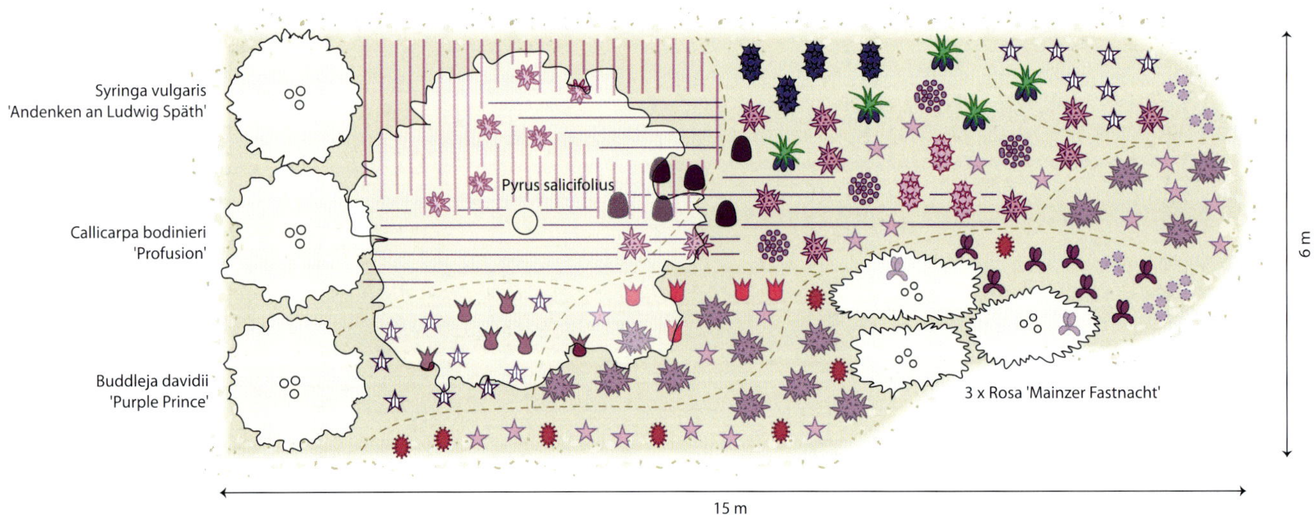

SILBER & LILA KOMBINATIONEN

PFLANZENNAME	DARSTELLUNG & ANZAHL IM PLAN	VITA
Sommerflieder *Buddleia davidii* 'Purple Prince'	ausgeschrieben (1)	♄ ■ ✿VII-X ✂II ↥2 ○ ◇ ⤢1,5 m
Liebesperlenstrauch *Callicarpa bodinieri* 'Profusion'	ausgeschrieben (1)	♄ ■ ✿I-II/VII-XII ↥2-3 ○-◑ ◇ ⤢1 m
Edelrose *Rosa* 'Mainzer Fast-nacht'	ausgeschrieben (3)	♃ ■ ✿VI-X ✂II ↥1 ○-◑ ◇ ⤢0,4 m
Flieder *Syringa vulgaris* 'Anden-ken an Ludwig Späth'	ausgeschrieben (1)	♄ ■ ✿V ↥3-5 ○ ⬙ ⤢1 m
Weidenblättrige Birne *Pyrus salicifolia*	ausgeschrieben (1)	♄ □■ ✿V ↥5-8 ○ ◇ ⤢Solitär
Perlkörbchen *Anaphalis triplinervis* 'Silberregen'	(10)	♃ □■ ✿VIII-X ✂II ↥0,3 ○ ◇ ⤢0,3 m
Berg-Aster *Aster amellus* 'Veilchenkönigin'	AV (7)	♃ ■ ✿VIII-X ✂II ↥0,55 ○ ◇ ⤢0,4 m
Rauhblatt-Aster *Aster novae-angliae* 'Purple Dome'	APD (3)	♃ ■ ✿IX-X ✂II ↥0,6 ○ ⬙ ⤢0,5 m
Garten-Kerzen-Spiere *Astilbe chinensis* var. *taquetii* 'Purpurlanze'	AP (3)	♃ ■ ✿VII-VIII ✂II ↥1 ◑ ⬙ ⤢0,4 m
Kaukasus-Vergissmeinnicht *Brunnera macrophylla* 'Jack Frost'	(10)	♃ ■■ ✿IV-V ✂II ↥0,3-0,5 ○-◑ ⬙ ⤢0,35 m
Artischocke *Cynaria scolymus*	C (3)	♃ ■■ ✿VIII-IX ✂X ↥0,8-1,5 ○ ◇ ⤢1 m
Feinstrahl *Erigeron* 'Dunkelste Aller'	EDA (5)	♃ ■ ✿VI-VIII ✂II ↥0,5-0,7 ○ ◇ ⤢0,35 m
Nachtviole *Hesperis matronalis*	Hm (5)	♃ ■ ✿V-VII ✂II ↥0,7 ○-◑ ⬙ ⤢0,4 m
Lanzen-Funkie *Hosta lancifolia*	Hl (7)	♃ ■ ✿VIII-IX ↥0,5 ◑ ⬙ ⤢0,35 m
Schwertlilie *Iris barbata-elatior* 'Nachteule'	IbN (5)	♃ ■ ✿V-VI ✂VII ↥0,8 ○ ◇ ⤢0,4 m
Prachtscharte *Liatris spicata*	Ls (5)	♃ ■ ✿VII-IX ✂II ↥0,4-0,8 ○ ◇ ⤢0,25 m

PFLANZENNAME	DARSTELLUNG & ANZAHL IM PLAN	VITA
Blauer Strandflieder *Limonium latifolium*	Lm (5)	♃ ■ ✿VI-VII ✂II ↥0,6 ○ ◇ ⤢0,35 m
Indianernessel *Monarda fistulosa* 'Prärienacht'	MfP (3)	♃ ■ ✿VII-IX ✂II ↥1-1,5 ○-◑ ⬙ ⤢0,6 m
Duft-Veilchen *Viola odorata*	(10)	♃ ■ ✿III-IV ↥0,15 ○-◑ ⬙ ⤢0,25 m

Ergänzung mit Blumenzwiebeln

Purpur-Kugellauch *Allium aflatunense* 'Purple Sensation'	(10)	♃ ■ ✿V-VI ✂VIII ↥0,9 ○ ◇ ⤢0,5 m
Sternkugel-Lauch *Allium christophii*	(10)	♃ ■ ✿VI-VII ✂VIII ↥0,6 ○ ◇ ⤢0,4 m
Riesen-Lauch *Allium* 'Globemaster'	(5)	♃ ■ ✿VI-VII ✂VIII ↥0,9 ○ ◇ ⤢0,6 m
Ausdauernder Lauch *Allium senescens*	(5)	♃ □ ✿VII-IX ✂II ↥0,4 ○ ◇ ⤢0,3 m
Kugel-Lauch *Allium sphaerocephalon*	(20)	♃ ■ ✿VI-VII ✂VIII ↥0,7 ○ ◇ ⤢0,3 m
Riesen-Herbstzeitlose *Colchicum bornmuelleri*	(10)	♃ ■ ✿IX-X ↥0,2 ○-◑ ◇ ⤢0,3 m
Hohler Lerchensporn *Corydalis bulbosa*	(30)	♃ ■ ✿III-IV ↥0,25 ○-◑ ⬙ ⤢0,3 m
Wild-Krokus *Crocus sieberi* 'Violet Queen'	(30)	♃ ■ ✿II-III ↥0,1 ○ ◇ ⤢0,05 m
Elfen-Krokus *Crocus tommasinianus* 'Ruby Giant'	(50)	♃ ■ ✿II-III ↥0,1 ○-◑ ⬙ ⤢0,05 m
Frühlings-Krokus *Crocus vernus* 'Pickwick'	(30)	♃ □■ ✿III-IV ↥0,15 ○-◑ ◇ ⤢0,1 m
Persische Kaiserkrone *Fritillaria persica* 'Adiyaman'	(5)	♃ ■ ✿IV-V ↥0,9 ○ ◇ ⤢0,25 m
Hyazinthe *Hyacinthus orientalis* 'Amethyst'	(10)	♃ ■ ✿IV-V ↥0,25 ○ ◇ ⤢0,1 m
Hyazinthe *Hyacinthus orientalis* 'Midnight Magic'	(10)	♃ ■ ✿IV-V ↥0,25 ○ ◇ ⤢0,1 m
Zwerg-Iris *Iris histrioides* 'George'	(20)	♃ ■ ✿II-III ↥0,1 ○ ◇ ⤢0,1 m
Einfache Späte Tulpe *Tulipa* ES 'Queen of Night'	(20)	♃ ■ ✿V ✂VI ↥0,6 ○ ⬙ ⤢0,15 m
Lilienblütige Tulpe *Tulipa* LB 'Burgundy'	(20)	♃ ■ ✿V ✂VI ↥0,5-0,6 ○-◑ ⬙ ⤢0,2 m
Lilienblütige Tulpe *Tulipa* LB 'Maytime'	(20)	♃ ■ ✿V ✂VI ↥0,5-0,6 ○ ⬙ ⤢0,2 m

♃ Staude ♄ Strauch ♄ Baum ■ Blütenfarben
✿ Blütenmonate ✂ beste Rückschnittzeit
↥ Höhe in m Standort ○ hell ◑ Halbschatten ● Schatten
Wasserbedarf ♦ groß ⬙ mittel ◇ gering ⤢ Pflanzabstand

↘ SO GEHT'S

[a] ORANGEFARBENER MILCHSTERN Er wird heute gerne als Topfpflanze angeboten, auch mit gelben oder weißen Blüten. Er hat eine ziemlich lange Blütezeit und sollte nur mäßig gewässert werden. Alle anderen Milchsterne blühen weiß und sind sehr gute Schnittblumen, die lange in der Vase halten. Leider sind sie noch viel zu wenig bekannt.

[b] TAZETTEN-NARZISSEN Die 'Paperwhites' gibt es in verschiedenen Sorten. Sie sind alle mehrblütig und duftend. Die Zwiebeln nach der Blüte zu halten, lohnt sich nicht, sie wachsen bei uns zu wenig weiter. Es ist leichter, sich im nächsten Jahr neue Zwiebeln zu kaufen und diese wieder anzutreiben. Wer nicht will, dass alle auf einmal blühen, kann einen Teil der Pflanzen kühler stellen.

[c] BLÜTENFLOR LANGE NUTZEN Vorgetriebene Blumenzwiebeln werden am besten nacheinander in die Wohnung geholt. So hat man länger etwas vom Blütenflor. Wenn die Blütenstiele komplett verwelkt sind, herausschneiden und die Töpfe mit den Blättern weiterkultivieren bzw. im Garten auspflanzen.

IM WINTER

Farbtupfer im Haus

Wenn im Garten alles ruht, verlagert sich der Schwerpunkt in die Wohnung. Gerade zu Weihnachten werden gerne Zwiebeln angetrieben und man sehnt sich bald darauf nach den Frühlingsblühern.

DIE WICHTIGSTEN ZWIEBELN IM WINTER

Ganz sicher ist die Amaryllis die wichtigste Zwiebelpflanze für die Weihnachtszeit, sei es als Schnittblume oder als Topfpflanze. Lilien haben ganzjährig Saison als Schnittblumen. Immer häufiger werden wieder Hyazinthen in Gläsern angetrieben, das geht ganz einfach. Für Kinder kann dies ein schönes Erlebnis sein, zu beobachten, wie sich erst die Wurzeln und dann die Blätter und Blüten entwickeln. Die gleiche Erfahrung kann man auch mit den 'Paperwhites' machen, Tazetten-Narzissen, die nicht winterhart sind, sich aber in Töpfen oder auch nur im Wasser gut treiben lassen. Sie haben weiße, duftende Blüten.
Natürlich ist im Winter auch die Zeit, die eingetopften Zwiebeln zum Vortreiben in die Wohnung zu holen, zuerst die Krokusse und Zwerg-Schwertlilien, dann kommen die Tulpen und Narzissen oder Traubenhyazinthen und Blausterne.

BEGLEITENDE PFLANZEN IM GARTEN

Das sind vor allem die Gehölze wie Winterjasmin, Winterschneeball, Winterblüte, Winter-Zierkirsche und Zaubernuss, die alle irgendwann im Winter zu blühen beginnen. Von den Stauden sind es vor allem die Christrosen, die im Winter sicher zum Blühen kommen.

GARTENARBEIT IM WINTER

Der leidenschaftliche Gärtner hat auch im Winter genügend Arbeit. Da sind die Obstbäume, Bäume und Hecken oder Sträucher zu schneiden. Das Werkzeug muss überholt werden, damit es im Frühjahr wieder einsatzbereit ist. Man hängt die Vogelhäuschen auf. Die eingelagerten Zwiebeln und die Kübelpflanzen müssen kontrolliert und teilweise gegossen werden. Jetzt ist auch Zeit, Samen zu bestellen für die Sommerblumenbepflanzung im folgenden Jahr. Wer Weihnachten blühende Zweige in der Wohnung möchte, sollte am 4. Dezember die Barbarazweige (Kirschen, Forsythien, Kornelkirsche) schneiden. Wer handwerklich begabt ist, zimmert jetzt die neuen Blumenkästen zusammen oder neue Rankgerüste für Einjährige, Waldreben oder Rosen oder er repariert die Gartenbank und streicht sie neu. Vielleicht wäre es auch an der Zeit, den Schuppen oder die Garage aufzuräumen. Der Winter ist auch eine Zeit der Ruhe, um Kraft zu tanken für die neue Gartensaison. Es ist eine Zeit, um in Fachbüchern zu schmökern, um sich neue Ideen für den Garten zu holen. Viele Seminare werden in den Wintermonaten angeboten. Warum nicht einmal daran teilnehmen und sich mit anderen Gartenliebhabern und Fachleuten austauschen.

SYSTEMATISCH VORGEHEN Wer Zwiebelpflanzen im Garten verwenden will, sollte nicht jedes Jahr hier und da ein paar Zwiebeln einpflanzen, sondern sich einen Plan machen, wo er Zwiebeln ansiedeln möchte, und dann lieber jeden Herbst eine andere Ecke im Garten bepflanzen. So bekommen Sie schönere Kombinationen und kein kunterbuntes Sammelsurium, denn mit den Zwiebel- und Knollenpflanzen kann man im Frühjahr oder Herbst wunderschöne Pflanzbilder schaffen. Arbeiten Sie mit einzelnen Sorten anstelle von Mischungen.

[1.]

DER WEISSE GARTEN

besondere Gartenschätze

Rein weiße Pflanzen gibt es nur wenige, die meisten enthalten mehr Farbnuancen. Die ausgewählten Pflanzen halten bei Regen und verblühen sauber.

[2.]

[3.]

STERN VON BETHLEHEM [1.]

Ornithogalum umbellatum

Wuchs: Zwiebeln mit zahlreichen Tochterzwiebeln, dünne, weiße Haut
Blüte: Mai–Juni; 2–20 Blüten in einer Scheindolde, strahlend weiß, sternförmig, grüner Mittelstreifen außen, nur während der Mittagszeit geöffnet; ca. 20 cm hoch
Blätter: linealisch mit weißem Mittelstreifen, ziehen bald wieder ein
Herkunft: Europa, N-Afrika, Türkei, Syrien, Libanon, Israel
Standort: sonnig; auf durchlässigen Gartenböden
Bemerkungen: mit wenig Konkurrenz können die Pflanzen an offenen Stellen zu Unkraut werden, deshalb werden sie besser im sonnigen Gehölzrandbereich angesiedelt
Begleitpflanzen: Katzenminze, Storchschnabel, Günsel, laubabwerfende Ziergehölze

GEFÜLLTE BLUTWURZ [2.]

Sanguinaria canadensis 'Multiplex'

Wuchs: rotes, fleischiges Rhizom, das leicht bricht, an den Verletzungsstellen orangeroter Saft
Blüte: April–Mai; weiß, dicht gefüllt, längere Blütezeit als die einfach blühende Wildart; ca. 20 cm hoch
Blätter: lang gestielt, herz- bis nierenförmig, buchtig gelappt, graugrün, groß, unterseits stark geadert, erscheinen mit der Blüte, enthüllen sich aber erst hinterher
Herkunft: östliches N-Amerika
Standort: halbschattig–schattig; humose, durchlässige Gartenböden
Bemerkungen: sehr aparte Blüte, leider nur sehr selten angeboten, gehört zu den Kleinodien im Garten, oft auch als 'Plena' oder 'Flore Pleno' im Handel, vermehrt wird über Rhizomteilung, allerdings keine zu große Ausbeute
Begleitpflanzen: Farne, Waldmeister, Leberblümchen, Wald-Phlox, Blauglöckchen, Schneeglöckchen, Märzbecher

HIMALAJA-STEPPENKERZE [3.]

Eremurus himalaicus

Wuchs: spinnenartiges, dickfleischiges Rhizom mit einem Kranz abgestorbener Blätter am Vegetationskegel
Blüte: Mai–Juni; weiß mit Mittelrippe, aufrechter, dicht besetzter Blütenstand, der bis 2,5 m Höhe erreichen kann
Blätter: riemenförmig, blaugrün, nicht behaart, zuerst dicht zusammengelegt, wenn sie schon früh raketenförmig aus der Erde schießen, später überhängender, dichter Blattschopf
Herkunft: Afghanistan, NW-Himalaja
Standort: sonnig; durchlässige, nährstoffreiche Gartenböden, am besten leichte Hanglage

Bemerkungen: die Rhizome sollten vor Nässe durch einen guten Wasserabzug im direkten Wurzelbereich geschützt werden; faszinierend, wie sich im Laufe von Wochen der Blütenstand immer weiter in die Höhe schiebt; sehr robuste Art
Begleitpflanzen: Stauden, Gräser, Präriestauden, andere Frühlingsblüher

TRAUBENHYAZINTHE [4.]

Muscari aucheri 'White Magic'
Wuchs: Zwiebel mit vielen Tochterzwiebeln, dünne helle Haut, leicht druckempfindlich
Blüte: März–April; weiß, sterile Blüten an der Spitze etwas heller; ca. 15 cm hoch
Blätter: sichelförmig gebogen, grün aufrecht
Herkunft: Türkei
Standort: sonnig–halbschattig; durchlässige, nährstoffreiche Gartenböden
Bemerkungen: eine neue Sorte, die vor allem als Topfpflanze im Frühling sehr oft angeboten wird; lange Blütezeit; sehr schön in Schalen; kann hinterher im Garten angesiedelt werden
Begleitpflanzen: Veilchen, Hornveilchen, Stiefmütterchen, Primeln, Schlüsselblumen, Wild-Tulpen, Botanische Tulpen

BOTANISCHE TULPE [5.]

Tulipa fosteriana 'Purissima'
Wuchs: Zwiebel mit brauner Schale außen
Blüte: April–Mai; weiß, relativ lange Blütezeit; ca. 30 cm hoch
Blätter: bläulich grün
Herkunft: Züchtung mit der Wildform *Tulipa fosteriana*
Standort: sonnig; durchlässige, nährstoffreiche Gartenböden
Bemerkungen: die beste weiße Tulpe, die lange in Gärten aushält; kann gut mit anderen weißen Sorten ergänzt werden wie der Lilienblütige Tulpe 'White Triumphator', der Triumph-Tulpe 'Pax', der Einfachen Frühen Tulpe 'Diana', der Viridiflora-Tulpe 'Spring Green' oder der Einfachen Späten Tulpe 'Maureen', sodass über 6–8 Wochen weiße Tulpen im Beet blühen
Begleitpflanzen: Vergissmeinnicht, Lavendel, Hyazinthen, Stauden und Gräser, Bellis, Stiefmütterchen, Hornveilchen, Narzissen, Krokusse

REGENBOGENLILIE [6.]

Zephyranthes candida
Wuchs: eiförmige Zwiebel
Blüte: August–Oktober; weiß mit grüner Basis, schließen im Schatten die Blüten; ca. 20 cm hoch
Blätter: fadenförmig, immergrün, dünn, ca. 30 cm lang
Herkunft: Argentinien, Uruguay
Standort: sonnig–halbschattig; frische, durchlässige Gartenböden
Bemerkungen: im Frühjahr pflanzen, damit sie vor dem Winter gut einwurzeln können; nicht in allen Gebieten sicher winterhart, dann eventuell Winterschutz durch Laubauflage; gute Schnittblume, verhältnismäßig lange Blütezeit, da immer wieder neue Blüten nachgeschoben werden; bildet mit der Zeit kleine Horste durch Tochterzwiebeln
Begleitpflanzen: Purpurglöckchen, herbstblühende Krokusse, polsterbildende bzw. teppichbildende Stauden

[4.]

[5.]

[6.]

SCHNEEWITTCHEN

die weiße Strauchrose

Von allen einfarbigen Gärten ist der weiße Garten der beliebteste. Er ist am leichtesten zu gestalten, da es eine große Auswahl an Pflanzen gibt mit unterschiedlichen Blüten- und Wuchsformen sowie Blütezeiten.

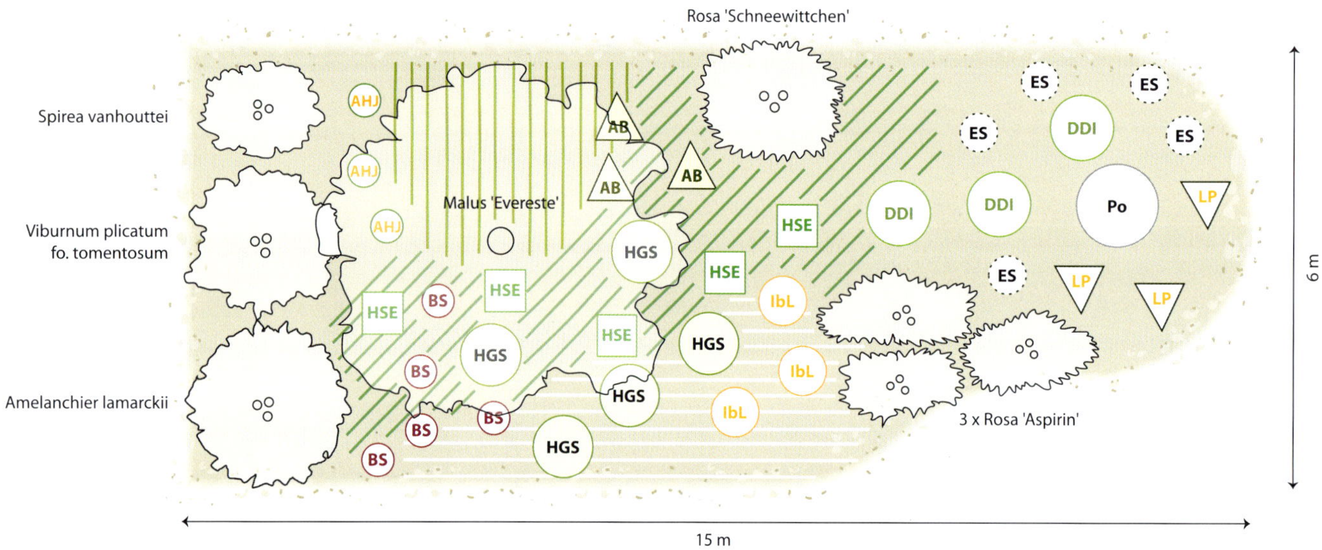

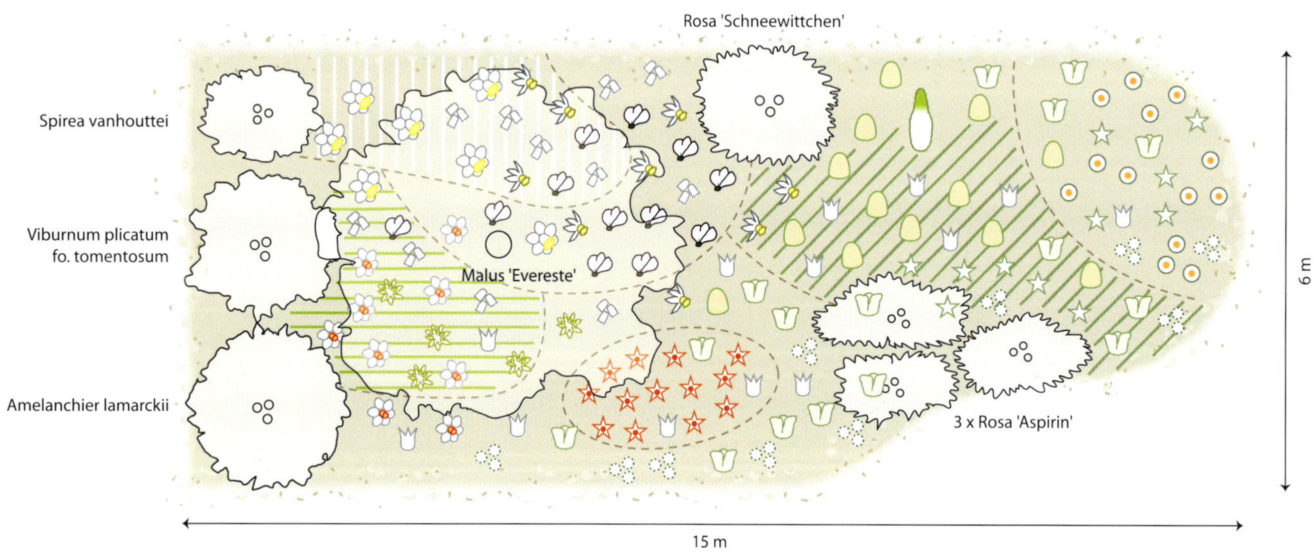

SCHNEEWITTCHEN

PFLANZENNAME	DARSTELLUNG & ANZAHL IM PLAN	VITA
Gehölze		
Zierapfel *Malus* 'Evereste'	ausgeschrieben (1)	♄ ☐ ✿ IV-V ↥4-6 ○-◑ 💧 ⤢1 m
Beetrose *Rosa* 'Aspirin'	ausgeschrieben (3)	♃ ☐ ✿ VI-X ✂II ↥0,6-0,8 ○-◑ 💧 ⤢0,5 m
Strauchrose *Rosa* 'Schneewittchen'	ausgeschrieben (1)	♃ ☐ ✿ VI-X ✂II ↥1-2 ○-◑ 💧 ⤢0,5 m
Japanischer Schneeball *Viburnum plicatum fo. tomentosum*	ausgeschrieben (1)	♄ ☐ ✿ V-VI ↥2-3 ○-◑ 💧 ⤢2 m
Kupfer-Felsenbirne *Amelanchier lamarckii*	ausgeschrieben (1)	♄ ☐ ✿ IV ↥4-5 ○-◑ 💧 ⤢3 m
Prachtspiere *Spiraea vanhouttei*	ausgeschrieben (1)	♄ ☐ ✿ V-VI ✂VII ↥2-3 ○-◑ 💧 ⤢0,8 m
Stauden		
Herbstanemone *Anemone japonica* 'Honorine Jobert'	AH (3)	♃ ☐ ✿ VIII-X ✂II ↥0,8 ◑ 💧 ⤢0,25 m
Großes Wald-Wind-röschen *Anemone sylvestris*	(10)	♃ ☐ ✿ V-VI ↥0,3 ○-◑ 💧 ⤢0,6 m
Weiße Wald-Aster *Aster divaricatus*	(7)	♃ ☐ ✿ IX-X ↥0,5-0,9 ○-◑ 💧 ⤢0,45 m
Arends Prachtspiere *Astilbe × arendsii* 'Brautschleier'	AB (3)	♃ ☐ ✿ VII-VIII ✂II ↥0,8 ◑ 💧 ⤢0,4 m
Bergenie *Bergenia* 'Silberlicht'	BS (5)	♃ ☐ ✿ IV-V ↥0,3 ○-◑ 💧 ⤢0,3 m
Pfirsichblättrige Glockenblume *Campanula persicifolia* 'Grandiflora Alba'	(10)	♃ ☐ ✿ ? ↥0,8 ○ 💧 ⤢0,8 m
Garten-Rittersporn *Delphinium elatum* 'Double Innocence'	DDI (3)	♃ ☐ ✿ VI/IX ✂VII/XI ↥1,6 ○ 💧 ⤢0,35 m
Feinstrahl *Erigeron* 'Sommer-neuschnee'	ES (5)	♃ ☐ ✿ VI-VIII ✂IX ↥0,6 ○ 💧 ⤢0,5 m
Taglilie *Hemerocallis* 'Gentle Shepard'	HGS (5)	♃ ☐ ✿ VI-IX ✂II ↥0,7 ○ 💧 ⤢0,8 m
Blaublatt-Funkie *Hosta sieboldiana* 'Elegans'	HSE (5)	♃ ☐ ✿ VI-VII ✂II ↥0,7 ◑ 💧 ⤢0,4 m
Hohe Bart-Schwertlilie *Iris barbata-elatior* 'Lugano'	IbL (3)	♃ ☐ ✿ V-VI ✂II/VII ↥0,8-1,2 ○ 💧 ⤢0,4 m
Großblumige Margerite *Leucanthemum × superbum* 'Polaris'	LP (3)	♃ ☐ ✿ VII-VIII ✂II ↥0,8 ○ 💧 ⤢0,7 m
Bauern-Pfingstrose *Paeonia officinalis* 'Alba Plena'	Po (1)	♃ ☐ ✿ V-VI ✂II ↥0,8 ○ 💧 ⤢0,7 m
Blumenzwiebeln		
Schnittknoblauch *Allium tuberosum*	(10)	♃ ☐ ✿ VIII-X ✂II ↥0,5 ○ 💧 ⤢0,3 m
Weiße Frühlings-Anemone *Anemone blanda* 'White Splendour'	(20)	♃ ☐ ✿ III-IV ↥0,1-0,15 ○-◑ 💧 ⤢0,2 m
Schneestolz *Chionodoxa luciliae* 'Alba'	(20)	♃ ☐ ✿ III ↥0,15-0,2 ○ 💧 ⤢0,1 m
Herbstzeitlose *Colchicum autumnale* 'Album'	(5)	♃ ☐ ✿ IX-X ↥0,15 ○ 💧 ⤢0,2 m
Balkan-Krokus *Crocus chrysanthus* 'Snow Bunting'	(25)	♃ ☐ ✿ II-III ↥0,1 ○ 💧 ⤢0,05 m
Herbst-Krokus *Crocus pulchellus* 'Zephyr'	(25)	♃ ☐ ✿ IX-X ↥0,1 ○ 💧 ⤢0,05-0,1 m
Wild-Krokus *Crocus sieberi* 'Bowles White'	(25)	♃ ☐ ✿ II-III ↥0,1 ○ 💧 ⤢0,05-0,1 m
Frühlings-Krokus *Crocus vernus* 'Jeanne d'Arc'	(25)	♃ ☐ ✿ III-IV ↥0,1-0,15 ○-◑ 💧 ⤢0,25 m
Frühlings-Alpenveilchen *Cyclamen coum* 'Album'	(10)	♃ ☐ ✿ II-III ↥0,05-0,1 ◑ 💧 ⤢0,7 m
Himalaya-Steppenkerze *Eremurus himalaicus*	(1)	♃ ☐ ✿ V-VI ✂VII ↥1,3-1,9 ○ 💧 ⤢0,1-0,15 m
Spanisches Hasen-glöckchen *Hyacinthoides hispanica* 'Alba'	(15)	♃ ☐ ✿ V ✂VII ↥0,3-0,5 ◑-● 💧 ⤢0,2 m
Trompeten-Narzisse *Narcissus* 'Mount Hood'	(20)	♃ ☐ ✿ III-IV ✂VI ↥0,45 ○-◑ 💧 ⤢0,1-0,2 m
Alpenveilchen-Narzisse *Narcissus* 'Toto'	(20)	♃ ☐ ✿ II-III ✂VI ↥0,2 ○-◑ 💧 ⤢0,2 m
Dichter-Narzisse *Narcissus poeticus* 'Actaea'	(20)	♃ ☐ ✿ III ✂VI ↥0,4 ○-◑ 💧 ⤢0,1 m
Darwin-Hybride-Tulpe *Tulipa* DH 'Ivory Flordale'	(20)	♃ ☐ ✿ V ✂VI ↥0,55 ○-◑ 💧 ⤢0,25 m
Fosteriana-Tulpe *Tulipa fosteriana* 'Purissima'	(25)	♃ ☐ ✿ IV ✂VI ↥0,4 ○-◑ 💧 ⤢0,15-0,2 m
Lilienblütige Tulpe *Tulipa* 'White Triumph-ator'	(25)	♃ ☐ ✿ V ✂VI ↥0,7 ○-◑ 💧 ⤢0,4 m

♃ Staude ♄ Strauch ♄ Baum ■ Blütenfarben
✿ Blütenmonate ✂ beste Rückschnittzeit
↥ Höhe in m Standort ○ hell ◑ Halbschatten ● Schatten
Wasserbedarf 🌢 groß 💧 mittel ◊ gering ⤢ Pflanzabstand

SERVICE

VEREINE UND VERBÄNDE
(www.gartenbauvereine.de)

Bund für Umwelt und Naturschutz Deutschland e. V. (BUND)
Bundesgeschäftsstelle
Am Köllnischen Park 1
10179 Berlin
Tel.: (0 30) 27 58 64-0
E-Mail: bund@bund.net
www.bund.net

Bundesverband Deutscher Gartenfreunde e. V.
Platanenallee 37
14050 Berlin
Tel.: (0 30) 30 20 71 40
E-Mail: bdg@kleingarten-bund.de
www.kleingarten-bund.de

PFLANZENLIEBHABER GESELLSCHAFTEN

Europäische Lilien-Gesellschaft e. V.
Holger Kühne
Chemnitzer Str. 26a
04703 Leisnig
Tel.: (03 43 21) 1 46 02
E-Mail: hollynett@plant21.de
www.liliengesellschaft.org

Gesellschaft der Staudenfreunde e. V. Fachgruppe Blumenzwiebeln und Rhizome
Uli Lessnow (kommissarisch)
Konrad-Thomas-Str. 23
41515 Grevenbroich
Tel.: (0 21 81) 4 85 96
E-Mail: uli.lessnow@gmx.de

Gesellschaft der Staudenfreunde e. V.
Geschäftsstelle: Evi Roth
Sonnenberg 4
77955 Ettenheim
Tel.: (0 78 22) 86 18 34
www.gds-staudenfreunde.de

ZWIEBELBLUMEN

Albrecht Hoch Blumenzwiebeln und Raritäten
Potsdamer Str. 40
14163 Berlin
Tel.: (0 30) 8 02 62 51
E-Mail: mailto@albrechthoch.de
www.albrechthoch.de

Albert Treppens & Co Samen GmbH
Berliner Str. 84–88
14169 Berlin-Zehlendorf
Tel.: (0 30) 8 11 33 36
E-Mail: kontakt@treppens.de
www.treppens.de

Oliver Rotter Blumenhandel
Ruhlsdorferstr. 28–32
14532 Stahnsdorf
Tel: (0 33 29) 69 83 81
E-Mail: info@blumenzwiebel.de
www.blumenzwiebel.de

Horst Gewiehs GmbH
Italienischer Weg 1
37287 Wehretal
Tel.: (0 56 51) 33 62 49
E-Mail: info@gewiehs-blumenzwiebeln.de
www.gewiehs-blumenzwiebeln.de

Degenhardt Flora GmbH
Gruissem 112
41472 Neuss
Tel.: (0 21 82) 8 21 10
E-Mail: info@degenhardt.biz
www.degenhardt-blumenzwiebeln.de

Ahrens + Sieberz
Großversand Gärtnerei
53718 Siegburg
E-Mail: info@as-garten.de

Blumenzwiebelversand Bernd Schober
Stätzlinger Str. 94 a
86165 Augsburg
Tel.: (08 21) 72 98 95 00
E-Mail: bschober@der-blumenzwiebel-versand.de
www.der-blumenzwiebelversand.de

STAUDEN

Kräuter- und Staudengärtnerei Mann
Schönbacherstr. 25
02708 Lawalde
Tel.: (0 35 85) 40 37 38
E-Mail: info@staudenmann.de
www.staudenmann.de

Alpine Staudengärtnerei
Siegfried Geißler
OT Gorschmitz Nr. 14
04703 Leisnig/Sachsen
Tel.: (03 43 21) 1 46 23
E-Mail: info@alpiner-garten.de
www.alpinergarten.de

Staudengärtnerei Alpine Raritäten
Jürgen Peters
Auf dem Flidd 20
25436 Uetersen
Tel.: (0 41 22) 33 12
E-Mail: alpine.peters@t-online.de
www.alpine-peters.de

Arends Maubach Stauden & Gartenkultur
Monschaustr. 76
42369 Wuppertal-Ronsdorf
Tel.: (02 02) 46 46 10
E-Mail: stauden@arends-maubach.de
www.arends-maubach.de

Staudenkulturen Stade
Beckenstrang 24
46325 Borken
Tel.: (0 28 61) 26 04
E-Mail: info@stauden-stade.de
www.stauden-stade.de

Staudengärtnerei Gräfin von Zeppelin
Weinstr. 2
79295 Sulzburg-Laufen
Tel.: (0 76 34) 6 97 16
E-Mail: info@graefin-von-zeppelin.de
www.graefin-v-zeppelin.com

Hof Berg-Garten – Stauden und Sämereien für naturnahe Gärten
Lindenweg 17
79737 Großherrischwand
Tel.: (0 77 64) 2 39
E-Mail: info@hof-berggarten.de
www.hof-berggarten.de

Staudengärtnerei Gaißmayer
Jungviehweide 3
89257 Illertissen
Tel.: (0 73 03) 72 58
E-Mail: info@staudengaissmayer.de
www.staudengaissmayer.de

Alpengarten-Sündermann
Aeschacher Ufer 48
88131 Lindau
Tel.: (0 83 82) 54 02
E-Mail: christian@alpengarten-suendermann.de
www.alpengarten-suendermann.de

KRÄUTER UND DUFTPFLANZEN

Die Kräuterei (Bioland)
Silvia Heinrich
Alexanderstr. 29
26121 Oldenburg
Tel.: (04 41) 88 23 68
E-Mail: kraeuterei@t-online.de
www.kraeuterei.de

Rühlemann's Kräuter & Duftpflanzen
Auf dem Berg 2
27367 Horstedt
Tel.: (0 42 88) 92 85 58
E-Mail: info@ruehlemanns.de
www.ruehlemanns.de

Kräuterey Lützel
Im Stillen Winkel 5
57271 Hilchenbach-Lützel
Tel.: (0 27 33) 38 46
E-Mail: shop@kraeuterey.de
www.kraeuterey.de

Bioland Gärtnerei Monika Bender
Augsburger Straße 515
70327 Stuttgart-Untertürkheim
Tel.: (07 11) 3 80 88 42
www.gaertnerei-bender.de

Syringa Duftpflanzen und Kräuter
Untere Gräben
78247 Binningen
Tel.: (0 77 39) 14 52
E-Mail: info@syringa-pflanzen.de
www.syringa-pflanzen.de

Bio-Gärtnerei Christian Herb
Heiligkreuzerstr. 70
87439 Kempten im Allgäu
Tel.: (08 31) 9 33 31
E-Mail: info@Bio-Kraeuter.de
www.bio-kraeuter.de

GRÄSER UND BAMBUS

Gräserwelten
Aschhauser Str. 2a
26160 Bad Zwischenahn
Tel.: (0 44 03) 6 38 00
E-Mail: info@graeserwelten.de
www.bambus-graeserwelten.de

Gustav Schlüter GmbH
Bahnhofstr. 5
25335 Bokholt-Hanredder
Tel.: (0 41 23) 20 21
E-Mail: versand@garten-schlueter.de
www.garten-schlueter.de

BambusCentrum Deutschland
Wolfgang F. Eberts KG
Saarstr. 3–5
76532 Baden-Baden
Tel.: (0 72 21) 5 07 40
E-Mail: info@bambus.de
www.bambus.de

ROSEN

Baum- & Rosenschule Holger Clausen
Schleswiger Str. 46
24860 Böklund
Tel.: (0 46 23) 18 51-0
E-Mail: info@baumschule-clausen.de
www.baumschule-clausen.de

BKN Strobel GmbH & Co. KG
Pinneberger Str. 238
25488 Holm-Kreis Pinneberg
Tel.: (0 41 03) 12 12-0
E-Mail: info@bkn.de
www.bkn.de

Kordes Rosen
Rosenstr. 54
25365 Klein Offenseth-Sparrieshoop
Tel.: (0 41 21) 4 87 00
E-Mail: info@kordes-rosen.com
www.kordes-rosen.com

Rosen Tantau Vertrieb GmbH & Co. KG
Tornescher Weg 13
25436 Uetersen
Tel.: (0 41 22) 70 84
E-Mail: verkauf@rosen-tantau.com
www.rosen-tantau.com

Noack Rosen
Im Waterkamp 12
33334 Gütersloh
Tel.: (0 52 41) 2 01 87
E-Mail: info@noack-rosen.de
www.noack-rosen.de

Rosenhof Schultheis e. K.
Bad Nauheimer Str. 3–7
61231 Bad Nauheim-Steinfurth
Tel.: (0 60 32) 92 52 80
E-Mail: info@rosenhof-schultheis.de
www.rosenhof-schultheis.de

Gärtnerei Peter Schwarzkopf
Stuttgarter Straße 115
70734 Fellbach
Tel.: (07 11) 25 96 32 88
E-Mail: info@fellbacher-schnittrosen.de
www.fellbacher-schnittrosen.de

Rosen Hammer
Inh. Bernd Hammer
Kleiningersheimer Str. 2
74394 Hessigheim
Tel.: (0 71 43) 51 38
E-Mail: info@rosen-hammer.de
www.rosen-hammer.de

BÄUME UND STRÄUCHER

Baumschule H. Hachmann
Brunnenstr. 68
25355 Barmstedt
Tel.: (0 41 23) 20-55
E-Mail: info@hachmann.de
www.hachmann.de

Kordes Jungpflanzen Handels GmbH
Mühlenweg 8
25485 Bilsen
Tel.: (0 41 06) 40 11
E-Mail: info@koju.de
www.koju.de

Hermann Cordes Baumschulen
Pinneberger Str. 247a
25488 Holm
Tel.: (0 41 03) 9 39 80
E-Mail: info@cordes-apfel.de
www.cordes-apfel.de

Bioland Baumschule & Obstgarten
Dr. Ute Hoffmann
Uepser Heide 1
27330 Asendorf
Tel.: (0 42 53) 80 06 22
E-Mail: ute.hoffmann@hoffmann-obstbaumschule.de
www.hoffmann-obstbaumschule.de

Förstner Pflanzen GmbH
Ludwigsburger Straße 195
74321 Bietigheim-Bissingen
Tel.: (0 71 42) 9 34 0-0
E-Mail: info@foerstner-pflanzen-gmbh.de
www.foerstner-pflanzen-gmbh.de

Rolf App
Gartencenter, Baumschulen
Daugendorfer Straße 45
88527 Unlingen
Tel.: (0 73 71) 72 25
E-Mail: app-baumschulen@t-online.de
www.app-baumschulen.de

WERKZEUG

Dieter Schmid Werkzeuge GmbH
Wilhelm-von-Siemens-Str. 23
12277 Berlin
Tel.: (0 30) 7 01 74 84 80
E-Mail: vk@feinewerkzeuge.de
www.feinewerkzeuge.de/garden.html

Nordlädchen
Uwe Bauch
Zeppelinstraße 12
25451 Quickborn
Tel.: (0 41 06) 12 96 88
E-Mail: service@nordlaedchen.de
www.nordlaedchen.de

Fiskars Germany GmbH
Oststraße 23
32051 Herford
Tel.: (0 52 21) 93 50
E-Mail: info.garten@fiskars.com
www.fiskars.de

Manufactum GmbH & Co. KG
Hiberniastraße 5
45731 Waltrop
Tel.: (0 23 09) 93 90 60
E-Mail: info@manufactum.de

Dehner GmbH & Co. KG
Donauwörther Str. 3–5
86641 Rain
Tel.: (0 90 90) 77-0
E-Mail: info@dehner.de
www.dehner.de

DICTUM GmbH
Donaustraße 51
94526 Metten
Tel.: (09 91) 91 09-100
E-Mail: info@dictum.com
www.dictum.com

SAATGUT

Bioland Hof Jeebel
Biogartenversand OHG
Jeebel 17
29410 Salzwedel OT Jeebel
Tel.: (03 90 37) 7 81
E-Mail: info@biogartenversand.de
www.biogartenversand.de

Dreschflegel
In der Aue 31
37202 Witzenhausen
Tel.: (0 55 42) 50 27 44
E-Mail: info@dreschflegel-saatgut.de
www.dreschflegel-saatgut.de

Bingenheimer Saatgut AG
Ökologische Saaten
Kronstr. 24
61209 Echzell-Bingenheim
Tel.: (0 60 35) 18 99 – 0
E-Mail: info@bingenheimersaatgut.de
www.bingenheimersaatgut.de

Rieger-Hofmann GmbH
In den Wildblumen 7
74572 Blaufelden-Raboldshausen
Tel.: (0 79 52) 92 18 89-0
E-Mail: info@rieger-hofmann.de
www.rieger-hofmann.de

BODENUNTERSUCHUNGSINSTITUTE

LUFA Rostock
Graf-Lippe-Str. 1
18059 Rostock
Tel.: (03 81) 2 03 07-0
E-Mail: info@lms-lufa.de
www.lms-lufa.de

LUFA Nord-West
Jägerstr. 23–27
26121 Oldenburg
Tel.: (04 41) 80 18 21
www.lufa-nord-west.de

Institut Koldingen GmbH
Breslauer Str. 60
31157 Sarstedt
Tel.: (0 50 66) 9 01 93-0
E-Mail: koldingen@agrolab.de
www.agrolab.de

LUFA NRW
Landwirtschaftskammer
Nevinghoff 40
48147 Münster
Tel.: (02 51) 2 37 6-5 95
E-Mail: info@lwk.nrw.de
www.lwk-nrw.de/lufa

Laboratorium Lacher
Niedermattenstr. 3
79238 Ehrenkirchen
Tel.: (0 76 33) 98 22 34
E-Mail: Michael.Lacher@Laboratorium-Lacher.de
www.laboratorium-lacher.de

Technische Universität München
Zentralinstitut für Ernährungs- und Lebensmittelforschung (ZIEL)
Weihenstephaner Berg 1
85350 Freising-Weihenstephan
Tel.: (0 81 61) 71-35 01
E-Mail: info.ziel@wzw.tum.de
www.ziel.tum.de

NÜTZLINGE

Re-natur GmbH
Charles-Roß-Weg 24
24601 Ruhwinkel
Tel.: (0 43 23) 90 10 0
E-Mail: info@re-natur.de
www.re-natur.de

W. Neudorff GmbH KG
An der Mühle 3
31860 Emmerthal
Tel.: (0 51 55) 6 24 48 88
E-Mail: info@neudorff.de
www.neudorff.de

AMW Nützlinge GmbH
Außerhalb 54
64319 Pfungstadt
Tel.: (0 61 57) 99 05 95
E-Mail: info@amwnuetzlinge.de
www.amwnuetzlinge.de

Mack bio-agrar GmbH
Bahnhofstraße 168
70736 Fellbach
Tel.: (07 11) 95 79 49-71
E-Mail: verkauf@mack.bio-agrar.de
www.mack.bio-agrar.de

BALKONPFLANZEN

Kientzler Gartenbau GmbH & Co. KG
Binger Str. 31
55457 Gensingen
Tel.: (0 67 27) 93 01-0
E-Mail: info@kientzler.eu
www.kientzler.eu

Liebig Jungpflanzen Vertriebs UG
Kirchspiel 106
59077 Hamm
Tel.: (0 23 81) 3 04 91 70
E-Mail: info@liebig-vertrieb.de
www.jungpflanzen-liebig.de

Baldur-Garten GmbH
Albert-Einstein-Allee 4–6
64625 Bensheim
Tel.: (0 62 51) 10 33 99
E-Mail: info@baldur-garten.de
www.baldur-garten.de

Flora Mediterranea
Königsgütler 5
84072 Au/Hallertau
Tel.: (0 87 52) 12 38
E-Mail: info@floramediterranea.de
www.floramediterranea.de

Flora Toskana
Schillerstr. 25
89278 Nersingen / OT Straß
Tel.: (0 73 08) 9 28 33 87
E-Mail: info@flora-toskana.de
www.flora-toskana.com

PFLANZGEFÄSSE

E. Kirschke GmbH
Oststr. 42–46
22844 Norderstedt
Tel.: (0 40) 21 03 10-0
E-Mail: service@kirschke.net
www.kirschke.net

Pflanzenart
Andreas Beckmann
Lise-Meitner-Str. 7
45768 Marl
Tel.: (0 23 65) 6 98 66 00
E-Mail: Andreas.Beckmann@pflanzenart.de
www.pflanzenart-shop.de

Keramik Atelier Feuerland
Meyerhofstraße 26
49143 Bissendorf
Tel.: (0 54 02) 26 41
E-Mail: atelier.feuerland@osnanet.de
www.feuerland.de

Helmes home & garden GmbH & Co. KG
Tenstedter Str. 45
49692 Cappeln
Tel.: (0 44 78) 6 09 83-0
E-Mail: info@helmes-homeandgarden.de
www.helmes-homeandgarden.de

Hentschke GmbH Keramik
Hofstetten 1
84326 Falkenberg
Tel.: (0 87 27) 14 74
E-Mail: info@hentschke-keramik.de
www.hentschke-keramik.de

Gartensilber
Egon Schmid
Schloßstr. 9
88453 Erolzheim
Tel.: (0 73 54) 93 57 35
E-Mail: info@gartensilber.de
www.gartensilber.de

gebora Brandstätter GmbH & Co. KG
LECHUZA Division
Brandstätterstr. 2–10
90513 Zirndorf
Tel.: (09 11) 96 66 16 60
E-Mail: info@lechuza.com
www.lechuza.de

Müller
Die Fränkische Toskana GmbH
Blütenstraße 23
97353 Wiesentheid
Tel.: (0 93 83) 79 92
E-Mail: shop@impruneta-versand.de
www.impruneta-versand.de

AUSSTELLUNGEN

Keukenhof Holland
Bezoekadres
Stationsweg 166A
NL-2161 AM Lisse
Niederlande
Tel.: +31 (252) 46 55 55
E-Mail: info@keukenhof.nl
www.keukenhof.nl/de/

De Bollenburcht
Teylingerlaan 13
NL-2215 RT Voorhout
Niederlande
Tel.: +31 (252) 22 50 31
E-Mail: info@bollenburcht.nl
www.bollenburcht.nl

Insel Mainau
Mainau GmbH
78465 Insel Mainau
Tel.: (0 75 31) 30 3-0
E-Mail: info@mainau.de
www.mainau.de

Blühendes Barock
Gartenschau Ludwigsburg GmbH
Mömpelgardstraße 28
71640 Ludwigsburg
Tel.: (0 71 41) 9 75 65-0
E-Mail: info@blueba.de
www.blueba.de

DEKORATION

Bloemenbureau
Jupiter 440
NL-2674 LX Honselersdijk
Niederlande
Tel.: +31 (71) 5 65 95 65
E-Mail: info@blumenbuero.org
blumenbuero.newsroom.eu/zwiebelliebe/

Bloemenbureau Holland
Postbus 670
NL-2675 ZX Honselersdijk
Niederlande
Tel.: +31 (174) 72 70 11
E-Mail: info@blumenbuero.de
www.pflanzenfreude.de/
www.tollwasblumenmachen.de/

REGISTER

Hervorgehobene Seitenzahlen verweisen auf Abbildungen

SELBST ANBAUEN,
SCHNEIDEN, DEKORIEREN

Eleonore Schick
Schnittblumenbeete
144 Seiten, €/D 24,99

Wie kann man Schnittblumenbeete selbst ökologisch anbauen? Eleonore Schick zeigt, welche Blumen dafür infrage kommen sowie inspirierende Pflanzkonzepte in vielen Farb- und Größenvariationen, die einfach umgesetzt werden können. Mit Einkaufstipps, Pflanz- und Schnittkalendern und kreativen Deko-Tipps zur Verwendung.

Jetzt bestellen auf kosmos.de

MONAT FÜR MONAT
BLÜTENPRACHT PUR

Christine Breier
Blühende Beete für jede Jahreszeit
144 Seiten, €/D 16,99

So wird jeder Garten das ganze Jahr über zum farbenfrohen Hingucker: mit zarten Frühlings- und bunten Sommerblumen, einem Herbstfeuerwerk aus Anemonen und Astern und Winterträumen wie Zaubernuss und Christrose. Das Buch begeistert mit attraktiven Gestaltungs- und Bepflanzungsideen. Inspirierende Fotos, genaue Pflanzpläne, Pflanzenporträts, Pflegehinweise und Dekotipps machen das Nachpflanzen leicht und lassen jeden Garten aufblühen.

BILDNACHWEIS

Mit 206 Farbfotos von:
Dr. Thomas Brand, Rastede: 44 o.; 45 o.; Flora Press, Hamburg: Bildagentur Beck: 100 o.; 127 u.; 70 o. & u.; Flora Press/BIOSPHOTO/B & G Médias: 133 Mi.; Flora Press/BIOSPHOTO/Gilles Le Scanff & Joëlle-Caroline Mayer: 117 o.; Flora Press/Buiten-Beeld/G._van_Ommering: 11; Flora Press/Caroline Bureck: 79; Flora Press/Christine Ann Föll: 18; Flora Press/Digitalice Images/Harold Verspieren: 101 u.; Flora Press/Domingo Vazquez: 50 u.; 85 o.; Flora Press/GWI: 24 Mi.; 25 Mi & u.; 54 Mi.; 55 Mi. & u.; 76 o.; 100 u.; 106 Mi.; 114 o. li.; 117 u.; 125 Mi.; Flora Press/Helga Noack: 26/27; Flora Press/Hubert & Klein: 51 u.; Flora Press/Joanna Kossak: 28; Flora Press/MAP: 43; 99 Mi.; 116 Mi.; 124 o.; Flora Press/Martin Hughes-Jones: 109 Mi.; Flora Press/MBPimages: 101 o.; Flora Press/Nova Photo Graphik: 46/47; 84 Mi.; 98 o.& u.; 125 o.; 133 o.; Flora Press/Richard Bloom: 50 Mi.; Flora Press/Royal Horticultural Society: 44 Mi.; 51 Mi.; 58 u.; 107 o. & Mi.; Flora Press/The Garden Collection/Andrew Lawson: 51 o.; 86/87; Flora Press/The Garden Collection/John Glover: 44 u.; Flora Press/The Garden Collection/Marcus Harpur: 10; Flora Press/The Garden Collection/Martin Hughes-Jones; 108 o.; Flora Press/The Garden Collection/Neil Sutherland: 2/3; 22 o. li.; Flora Press/The Garden Collection/Nicola Stocken Tomkins: 116 u.; Flora Press/The Garden Collection/Torie Chugg: 54 u.; 76 u. re.; 101 Mi.; Flora Press/Visions: 5; 12 (alle drei); 22 u. re.; 24 o.; 25 o.; 32 o. li. & o. re.; 40 (alle vier); 50 o.; 67; 70 Mi.; 76 u. li.; 84 u.; 93 Mi.; 98 Mi.; 99 o. & u.; 100 Mi.; 108 u.; 109 u.; 125 u.; Landesbibliothek Karlsruhe/K 3302_Blatt 03: 17; shutterstock/Agnes Kantaruk: 71 Mi.; shutterstock/AlinaMD: 75 o.; Shutterstock/Atthapol Saita: 116 o.; shutterstock/Constance Hanscomb: 59 u.; shutterstock/Foto by M: 71 u.; shutterstock/Mariusz S. Jurgielewicz: 75 u.; shutterstock/Nadezda Verbenko: 4/5; shutterstock/Phatthanit: 37 o. li.; shutterstock/Skorpionik00: 126 o.; shutterstock/Testbild: 58 o.; shutterstock/Todd Boland: 92 u.; shutterstock/vig64: 74 u.; Elisabeth Schmid, Weinheim: 6; 8/9; 15 (alle drei); 22 Mi. re.; 24 u.; 31 (alle drei); 32 u. re; 34 (alle vier); 37 o.re., Mi. & u.; 39 (alle vier); 45 Mi. & u.; 48; 49; 52 (alle vier); 54 o.; 55 o.; 57; 58 Mi.; 59 o. & Mi.; 60 (alle drei); 65; 66; 68 (alle drei); 71 o.; 73 (alle drei); 74 o. & Mi.; 75 Mi.; 80 (alle drei); 81 (alle drei); 82 (alle vier); 84 o.; 85 Mi. & u.; 89 (alle drei); 90 (alle drei), 91 (alle drei); 92 o. & Mi.; 93 o. & u.; 96 (alle drei); 105 (alle drei); 106 o. & u.; 107 u.; 108 Mi.; 109 o.; 114 o. re. & u.; 117 Mi.; 123 (alle drei); 124 Mi. & u.; 126 Mi. & u.; 127 o. & Mi.; 130 (alle drei); 132 (alle drei); 133 u.; Friedrich Strauss, Au-Seysdorf: 20; 63.

Mit 66 Illustrationen von:
Ursula Gerlach, Ellwangen (Jagst): 19 (alle 28); 21 (alle 18); Claudia Schick, Neumarkt: 33; 63 (alle drei); 94 (beide); 102 (beide); 110 (beide); 112 (beide); 118 (beide); 120 (beide); 128 (beide); 134 (beide).

IMPRESSUM

Umschlaggestaltung von Gramisci Editorialdesign, München unter Verwendung eines Farbfotos von shutterstock/hfuchs (Umschlagvorderseite und Buchrücken) sowie einer Aufnahme auf der Umschlagrückseite von Elisabeth Schmid, Weinheim.

Mit 206 Farbfotos und 20 Farbzeichnungen sowie 46 SW-Zeichnungen

Gedruckt auf chlorfrei gebleichtem Papier

ISBN 978-3-440-14563-0
Projektleitung: Katrin Friedrichs
Redaktion und Bildredaktion: Katrin Friedrichs
Gestaltungskonzept: Gramisci Editorialdesign, München
Gestaltung und Satz: Katrin Kleinschrot, Stuttgart
Produktion: Jürgen Bischoff
Printed in Italy / Imprimé en Italie